LA LÁMPARA MÁGICA

Keith Ellis

La lámpara mágica

*Cómo definir objetivos: para las personas
que detestan definir objetivos*

EDICIONES URANO

Argentina - Chile - Colombia - España
Estados Unidos - México - Venezuela

Título original: *The magic lamp*
Editor original: Three Rivers Press, Nueva York
Traducción: Alberto Magnet

© 1996, 1998 *by* Keith Ellis
© 2001 *by* EDICIONES URANO, S.A.
   Aribau, 142, pral. - 08036 Barcelona
   www.edicionesurano.com

ISBN: 84-95787-00-8
Depósito legal: B. 13.990 - 2002

Composición-compaginación: Autoedició FD, S.L.
   Muntaner, 217 - 08036 Barcelona
Impreso por Romanyà Valls, S.A. - Verdaguer, 1 - 08786 Capellades
   (Barcelona)

Impreso en España - *Printed in Spain*

Exención de responsabilidades

*A Barbara Gray Ellis,
mi madre,
que me enseñó a creer en mí mismo*

Índice

Agradecimientos

A diferencia de quienes pronuncian discursos en la ceremonia de entrega de los Oscar, no tengo por qué fingir que no he dedicado tiempo a pensar en lo que quiero decir, porque la verdad es que sí le he dedicado tiempo. Tengo una deuda más grande de lo que pueden expresar mis palabras, con más buenas personas de las que puedo contar. Sin embargo, algunas han tenido una influencia tan marcada en mí y en este libro que quiero nombrarlas personalmente.

Agradezco a Margaret Ellis, mi mujer, que me dio su comprensión y apoyo cuando me veía obligado a desaparecer durante horas todos los días para trabajar en *La lámpara mágica*. Finalmente, también me ayudó a corregir el producto final.

Agradezco a Barbara Gray Ellis, mi madre, que además de ser una gran madre y un maravilloso ser humano, también es una magnífica escritora que colaboró en la redacción de este libro.

Agradezco a Allan Ellis, mi hermano, el mejor artesano de la palabra que conozco, y uno de los pensadores más sugerentes. Una y otra vez, me dio excelentes ideas acerca de lo que debería decir en este libro, y cómo decirlo, y luego me dejó cosechar los créditos por sus ideas como si fueran mías.

Finalmente, agradezco a todos los escritores y pensadores, a los oradores y «hacedores» que he estudiado todos estos años. Las obras de muchos están recogidas en la sección de recursos al final de este libro. Las de otros muchos no lo están. A todos ellos les ofrezco mi más humilde gratitud. Cuando nos encaramamos sobre los hombros de gigantes, es fácil ver el cielo.

Nota del autor: sobre el uso de los pronombres personales

En numerosos textos, los pronombres masculinos él y ellos se refieren a personas de sexo masculino o femenino. Muchas mujeres desaprueban esto. Muchos hombres también lo desaprobarían si se tratara del fenómeno inverso. Hay dos maneras de solucionar este problema: podemos cambiar el lenguaje, o podemos cambiarnos a nosotros mismos. Prefiero esto último. Sólo entonces seguirá el lenguaje.

Despojemos a los pronombres personales de su significación política y, al hacerlo, neguémosles la facultad de dividirnos. Dejemos que los escritores utilicen los pronombres masculinos, y entonces sabremos que quien escribió ese texto era un hombre. Dejemos que las escritoras utilicen los pronombres femeninos, y entonces sabremos que quien escribió ese texto era una mujer. Dejemos que los lectores lean más allá del pronombre para que puedan ver al escritor. Cuando el género del pronombre no signifique más que el género del escritor, en lugar del género de la realidad, habremos emprendido el camino correcto.

Introducción

En 1921, el doctor Lewis Terman, de la Universidad de Stanford, comenzó un estudio —que marcó un verdadero hito— sobre 1.528 niños superdotados. El objetivo consistía en tener una comprensión más acabada de la relación entre la inteligencia humana y los logros de las personas. El estudio obtuvo un reconocimiento mundial, y durante muchos decenios inspiró algunos de los descubrimientos más notables sobre el papel que desempeña la inteligencia en la consecución del éxito.

Sin embargo, el descubrimiento más notable de todos es que el CI no es el ingrediente más importante del éxito. Al contrario, el estudio de Terman descubrió que hay tres factores mucho más importantes que la mera inteligencia cuando se trata de los logros: la seguridad, la perseverancia y la tendencia a definir objetivos. El más importante de todos, incluso para los genios, es la tendencia a definir objetivos.

Yo no figuraba en el estudio de Terman (no soy ningún genio), pero por alguna razón siempre me ha interesado el proceso de establecer objetivos. Encuentro especialmente fascinante que tantas personas hablen de las ventajas de establecer objetivos, y que sean tan pocas las que pasen a la acción.

Yo era un ejemplo perfecto. Durante años, leí todos los libros que encontré sobre cómo definir objetivos. Escuché todas las cintas relacionadas con el tema que podía pedir prestadas o comprar. Asistí a todos los seminarios sobre la definición de objetivos que se celebraban en mi ciudad, y viajé para asistir a muchos en otras ciudades. Sabía todo lo que hay que saber acerca del tema. El problema es que nunca definía mis propios objetivos.

Para empezar, los objetivos me aburrían. Por otro lado, los sentía como una amenaza. Me encerraban en una jaula cuando yo sólo quería libertad para permanecer abierto a todas las oportunidades, pero sin la obligación de explotarlas. Sabía que los objetivos funcionaban, pero nunca estaba dispuesto a hacerlos funcionar.

Hasta que, un día, bajo la ducha, me puse a soñar con la fama y la fortuna que poseería si sólo pudiese lograr que mis deseos se cumplieran, como en un cuento de hadas. ¡Qué fantasía más poderosa! Lo único malo era que había una dificultad. En los cuentos de hadas, siempre podemos confiar en nuestra hada madrina, en un mago o en un genio para que nos saque de apuros. Desafortunadamente, yo sólo contaba conmigo mismo.

Aquello acabó llamándome la atención. ¿Qué pasaría si sólo contara conmigo mismo? ¿Qué pasaría si fuera capaz de definir con exactitud lo que quería de la vida y luego actuar para que sucediera? ¿Qué pasaría si lograr que los deseos se cumplieran fuera tan fácil como definir objetivos?

¡Eureka! ¡Finalmente empezaba a funcionar la materia gris!

Los deseos son objetivos, pero objetivos que tienen vida propia. Los objetivos conforman el proceso que nos puede trasladar a cualquier lugar, adonde sea que queramos ir, pero carecen de la inspiración para llevarnos hasta allí. Los deseos son diferentes. Tienen un impacto en nosotros, como si nos hubiera golpeado un rayo en lugar de una luciérnaga. Nos dejan soñar y ascender a las alturas. Nos dejan explotar una fuente de posibilidades sin límites y de energías insondables que nos da el poder para lograr lo que jamás imaginamos. Si quieres que algo bueno suceda en tu vida, piénsalo como si fuese deseo en lugar de pensarlo como un objetivo.

Estaba tan emocionado que casi resbalé sobre la pastilla de jabón. El deseo era la respuesta a lo que había buscado durante años. Nunca me había sentido demasiado contento al levantarme cada mañana y decirme a mí mismo: «Hoy trabajaré en mis objetivos». Sin embargo, la idea de decir «Hoy haré que mis deseos se cumplan» me entusiasmaba. Aquello me hacía pensar que podía lograr todo lo que me propusiera. Era la chispa, ausente hasta entonces, una chispa que podía llenar mi vida de éxito, prosperidad y felicidad.

Salí de la ducha, cogí un cuaderno y comencé a escribir a toda velocidad, intentando apoderarme de todas las ideas que fluían de mí más rápido de lo que mi mano podía ir de un lado al otro del papel. En las semanas que siguieron, transformé todo lo que sabía acerca de la definición de objetivos en una estrategia para el deseo. A este proceso lo denominé proceso L.A.M.P. En cuanto recogí mis ideas y las registré por escrito, empecé a ponerlas en práctica. En cuanto comencé a ponerlas en práctica, mis deseos empezaron a cumplirse.

El proceso L.A.M.P. me catapultó desde las posiciones de una liga menor de los logros a una de las grandes ligas del éxito. No diré que aquello sucedió de la noche a la mañana, porque ni siquiera tardó tanto. A partir del momento en que me cambié a mí mismo, el mundo a mi alrededor también cambió. Las cosas que yo quería que sucedieran comenzaron a suceder. El tipo de vida con la que ni siquiera había osado soñar comenzó a desplegarse ante mis ojos, como por arte de magia.

He escrito *La lámpara mágica* para compartir contigo este formidable poder que permite que nuestros deseos se cumplan. Mi intención es ofrecer una estrategia, no un sermón. No predicaré acerca de la motivación ni intentaré vender el éxito. Supongo que ya deseas más de la vida de lo que tienes y que buscas una manera de conseguirlo. Eso es exactamente lo que encontrarás aquí: una manera de conseguirlo, sin importar tus antecedentes, tu edad ni tus circunstancias.

Pero, ¿y la suerte? ¿Acaso no es verdad que la fortuna (buena o mala) es la que finalmente determina nuestro destino?

La suerte desempeña un papel en lo que te sucede. Aquí aprenderás a desempeñar tu propio papel. La fortuna trata de las cartas. Aquí aprenderás a jugar. El destino reina, pero favorece a quienes aprenden las reglas. Este libro trata de la regla más importante de todas: causa y efecto.

Causa y efecto

¿Alguna vez te has pasado un semáforo en rojo sin que te multen por ello? Has tenido suerte. ¿Has saltado alguna vez de un décimo piso sin hacerte daño? No lo intentes. Aquello no acabará bien. No lo conseguirás. Puede que seas capaz de romper las leyes de los hombres y, de vez en cuando, incluso puede que no te suceda nada, pero no puedes violar las leyes de la naturaleza. Si lo intentas, ellas darán cuenta de ti.

Piensa en la ley de causa y efecto. Para cada efecto debe existir una causa. Aquella causa siempre debe preceder a tal efecto. Simple, directa, ineludible, quizá sea la ley natural más fácil de recordar y, sin lugar a dudas, la más fácil de olvidar.

¿Quién sería capaz de pararse frente a una estufa de leña y pedirle calor sin antes meter unos troncos? Nadie en su sano juicio. Sin embargo, todos hemos escuchado a alguien jurar que, a partir de ese momento, se limitará a trabajar justo aquello por lo que le pagan y nada más, hasta que le aumenten el sueldo. La ley de causa y efecto dice que la espera de esa persona será larga. Primero tendría que hacer más que aquello por lo que le pagan para hacerse valer más de lo que le pagan actualmente.

¿Quién querría retirar dinero de una cuenta de ahorro sin antes haber realizado los ingresos correspondientes? Nadie en su sano juicio. Sin embargo, todos hemos tenido algún amigo que exigía más de una relación personal sin estar dispuesto a invertir más en esa relación. Debido a la ley de causa y efecto, este tipo de persona siempre sufrirá grandes decepciones.

¿Quién se plantaría ante un terreno baldío y le pediría verduras sin antes haber sembrado? Nadie en su sano juicio. Pero todos hemos conocido a personas que se sienten con derecho a cosechar las recompensas del éxito sin antes haberse mostrado dispuestas a invertir el tiempo y esfuerzo necesarios para alcanzar dicho éxito. Según la ley de causa y efecto, invertir en las cosas es imprescindible si queremos cosechar las recompensas.

La vida nos enseña que primero tenemos que poner la leña en la estufa para obtener calor, que tenemos que ingresar el dinero antes de retirarlo, que tenemos que sembrar, regar, limpiar y cuidar las plantas antes de poder cosechar nuestro primer brote de maíz o nuestro primer tomate. Con demasiada frecuencia, no aplicamos este conocimiento a la manera en que gestionamos nuestras vidas.

Si deseas un efecto concreto en tu vida, ya se trate de tu relación de pareja, de un empleo o de un proyecto importante, tienes que empezar por poner en funcionamiento la causa de ese efecto. Si esa causa está ausente, no habrá efecto. Si no hay efecto, lo más seguro es que no has activado la causa adecuada.

Puedes estar igualmente seguro de que una vez que actives aquella causa, se producirá el efecto que deseas, sin excepciones, tan seguro como que el sol derrama sus primeros rayos sobre el horizonte al amanecer. La causa siempre debe preceder. Cuando así sucede, puedes contar con el efecto.

Una de las decisiones más importantes de tu vida es discernir: ¿quieres ser causa o efecto? Si eliges ser causa, harás que las cosas sucedan. Si eliges ser efecto, las cosas te sucederán.

Si decides ser causa, te convertirás en el jugador estrella de tu propia existencia, en el Atleta Más Valioso de tu propia liga. Si eliges ser efecto, te limitarás a observar desde las gradas. Te contentarás con reír y llorar, vivir y morir, siempre al arbitrio de las acciones de otros.

La diferencia entre ser causa y ser efecto es similar a la diferencia entre el martillo y el clavo. Uno actúa y el otro es el objeto de esa acción. *La lámpara mágica* ofrece una estrategia para quienes desean ser martillo en lugar de clavo.

El Proceso L.A.M.P.

La lámpara mágica te enseñará a poner en movimiento las causas que producirán los efectos que deseas. A esto lo he denominado Proceso L.A.M.P. Las letras L, A, M y P representan cada uno de los cuatro principales pasos del proceso. Puedes memorizar estos pasos en menos de un minuto y aplicarlos el resto de tu vida. Cuando hayas acabado con este libro, entenderás por qué no necesitas una disciplina de hierro para tener éxito. Entenderás por qué no tienes que ser especialmente talentoso ni inteligente para conseguir que tus deseos se vuelvan realidad. Sólo tienes que seguir estos cuatro pasos:

Paso 1: *Mantén el rumbo fijo* (Lock on)

Decide qué es lo que deseas. Piensa en ello como si escogieras el efecto que deseas causar. Cuando hayas escogido aquel efecto, mantén tu rumbo fijo de la misma manera que un misil guiado por satélite mantiene el rumbo fijo sobre su objetivo.

Paso 2: *Actúa* (Act)

Pon en movimiento las causas que permitirán que se cumpla tu deseo.

Paso 3: *Gestiona tu progreso* (Manage your progress)

Sigue la huella de las causas que has activado para asegurarte de que producen los efectos que deseas. Si no es así, modifica tu procedimiento.

Paso 4: *Persiste* (Persist)

Acaba lo que has empezado.

La herramienta que conocemos como palanca funciona según ese mismo principio. El Proceso L.A.M.P. es una herramienta que funciona según el principio de causa y efecto. En ambos casos, lo que cuenta es el principio, no la herramienta. El principio es lo que hace que las cosas sucedan; la herramienta no es más que el instrumento. Puede que el próximo libro que leas te proponga una herramienta superior al Proceso L.A.M.P., pero nunca encontrarás un mejor principio que éste:

Para conseguir lo que quieres de la vida, sólo tienes que activar la causa apropiada, y el efecto se producirá solo.

Por ahora, recuerda este principio. Más tarde, te abrirá a todo un mundo nuevo.

Proceso L.A.M.P. Paso 1

Mantén el rumbo fijo

1

¿Qué deseas?

Soy amo de la tierra, del aire y las olas,
pero esclavo de la lámpara, y siervo de su dueño.
¿Qué desearás, amo, qué desearás?

EL GENIO DE LA LÁMPARA
Las mil y una noches

Imagínate que comienza a anochecer suavemente y sales a caminar. De pronto, bajo la luz incierta del crepúsculo, tropiezas con una vieja lámpara de latón, el tipo de lámpara que podrías encontrar en un mercadillo turco. Te inclinas a recogerla y descubres, bajo la tenue luz, que tiene una inscripción tallada en el borde. Siglos de envejecimiento y abandono la hacen casi ilegible, así que la frotas un par de veces con la manga.

¡BUM! La lámpara se enciende en medio de un estallido de humo y llamas. Retrocedes torpemente y la dejas caer para taparte los ojos. Cuando vuelves a abrirlos, descubres frente a ti, del tamaño de una valla publicitaria, al genio de la lámpara.

Te observa con un brillo en la mirada. Y con una voz que retumba como el trueno en el horizonte, dice: «Soy el genio de la lámpara. ¿Qué deseas, amo, qué deseas?».

¿Qué le pedirías al genio?

Lo creas o no, tú eres dueño de una lámpara de esas características. Está situada aproximadamente un centímetro detrás de tus ojos, entre los oídos, y la ciencia médica le ha dado un nombre: se llama cerebro humano. Es el ordenador más poderoso del planeta. De hecho, es tan poderoso que ha inventado todos los demás ordenadores. Lo ha inventado todo, desde los superordenadores hasta las expediciones a la Luna, pasando por el pan en rodajas.

Y tú eres dueño de ese cerebro, libre y lúcido. El tuyo es igual a cualquier otro cerebro en el planeta. Tú eres su único dueño, el único que puede conjurar su asombroso poder para que tus deseos se conviertan en realidad. Eres literalmente tu propio genio, desbordante del poder divino de la creación. ¡Felicitaciones!

Sin embargo, tu problema aún persiste, ¿no te parece? ¿Qué le pedirás al genio?

Antes de que consigas que tus deseos se cumplan, debes decidir qué deseas. Cuando las personas no obtienen lo que desean de la vida, suele ser porque no saben lo que quieren. Trabajan, una semana tras otra, y sueñan con la buena vida, pero rara vez formulan una idea clara de lo que aquella «buena vida» debiera ser. Aun siendo personas competentes y trabajadoras, carecen de objetivos. Les han enseñado a disparar un arma, pero no les han enseñado a apuntar.

Quizá la verdad más asombrosa acerca de la naturaleza humana es que cualquiera puede hacer algo realmente notable en la vida si tiene algo realmente notable que hacer. Cuando decides lo que quieres hacer, el resto viene por añadidura. Te levantas todas las mañanas con una razón para salir de la cama. Tus días poseen un significado porque les das contenido con un quehacer trascendente. Eres capaz de beneficiarte de tu talento, tu tiempo y tus oportunidades porque tienes un proyecto. Sin este proyecto, el asombroso poder que tienes para satisfacer tus propios deseos permanece desactivado, aparcado en segunda fila, con el motor encendido pero nadie al volante. Al contrario, cuando tienes este proyecto, pasarás suavemente los cambios y viajarás a velocidades que superan en mucho tus expectativas.

Adelante, coge el volante. Piensa en lo que realmente quieres, no en lo que supuestamente deberías querer, no en lo que otros quieren para ti, sino en aquello que tu deseo representa para ti en lo más íntimo.

La lluvia de ideas

La manera más fácil de descubrir lo que realmente deseas es preguntártelo a ti mismo. Concretamente, pregúntale a tu mente subconsciente, la matriz de tu intelecto. Es ahí donde se genera tu pensamiento más profundo y depurado. La calidad de las respuestas que recibas dependerá de cómo formules las preguntas, de modo que sugiero que utilices una herramienta específicamente diseñada para ayudarte a aprovechar el poder de tu subconsciente. Esta herramienta se llama lluvia de ideas (o producción masiva de ideas). He resumido su funcionamiento en cinco pasos:

1. Escribe el tema que deseas someter a la lluvia de ideas, redactado como pregunta en la parte superior de una hoja en blanco.

La mente humana es el ordenador más poderoso del planeta, pero no tienes que aprender un lenguaje de programación para utilizarla. Sólo tienes que formularle una pregunta.

2. Escribe todo lo que te venga a la cabeza.

Formúlate la pregunta que has escrito al comienzo de la página y luego escucha tus respuestas, todas tus respuestas. La mejor manera de escuchar es anotarlas. Anota todos los pensamientos que te vengan a la mente cuando formules tu pregunta. Escribe también las ideas más banales. Escribe las dolorosas. Escribe los pensamientos que te causan vergüenza, incluso aquellos que aparentemente carecen de sentido. No compartirás esta lista con nadie, así que escribe todo lo que te venga a la mente, te parezca útil o no, lo apruebes o no. La primera regla de la lluvia de ideas es escuchar. Si tú no te escuchas a ti mismo, ¿quién lo hará?

3. Acepta con gratitud todo lo que te venga a la mente.

Por muy banales que parezcan tus pensamientos, o sin importar lo imposibles, absurdos o vergonzosos que sean, recuerda que eres afortunado por tener tantas ideas interesantes.

Piensa en cada idea como un regalo. Puede que no nos gusten todos los regalos que recibimos, pero los aceptamos todos, los abrimos todos y les agradecemos a quienes nos los han regalado. Es el pensamiento lo que cuenta. Si aceptaras todos tus pensamientos con gratitud, tu subconsciente, como cualquier persona que te hace regalos, estará mucho más dispuesto a seguir haciéndote regalos.

4. No pares de escribir.

Piensa que escribirás durante un tiempo fijo (un minuto, dos minutos, cinco minutos) y no pares de escribir hasta que haya pasado el tiempo. Sigue escribiendo, aunque lo que escribas parezca no tener sentido. Sigue escribiendo aunque tengas que escribir lo mismo una y otra vez. Sigue escribiendo, y tarde o temprano descubrirás que tienes algo que decir.

5. Guarda tus críticas para más tarde.

Escribe, no juzgues, ya tendrás tiempo para eso más tarde. La lluvia de ideas es una herramienta para generar ideas, no para evaluarlas.

¿Alguna vez has hecho una sugerencia en una reunión, sólo para que alguien señalara lo absurdo de tu reflexión? Después de haber vivido una situación de ese tipo, es probable que hayas aprendido a guardarte tus ideas.

Tu subconsciente es igual de sensible. Si rechazas sus sugerencias, dejará de formularlas. Es como un grifo, o está abierto o está cerrado. El objetivo de la lluvia de ideas es abrir el grifo completamente y mantenerlo así. Genera tantas ideas como puedas. Deja que despierte el escritor que hay en ti, y olvídate de la función de editor. Ya harás una selección más tarde.

No existe ningún tiempo como el presente para comenzar tu primera sesión oficial de producción masiva de ideas. De modo que coge una hoja de papel y escribe esta pregunta:

¿Qué desearía realmente de la vida si estuviera absolutamente seguro de poder conseguirlo?

Escribe tus respuestas. No pienses en cómo llevar a cabo lo que has anotado en tu lista. Ya te ocuparás de eso más tarde. Por ahora, concéntrate en lo que quieres, no en cómo lo conseguirás.

Escribe cualquier cosa que se te ocurra. No pares de escribir durante al menos dos minutos. Puede que resulte útil pensar en aspectos específicos de tu vida. Por ejemplo, ¿qué deseas de tu trabajo? ¿De tu vida doméstica? ¿De tus relaciones? ¿Qué tipo de salud deseas tener? ¿Qué tipo de físico? ¿Qué quieres de las aficiones que practicas? ¿De tus actividades en la comunidad? ¿De tu vida amorosa? ¿Qué tipo de impacto te gustaría tener en el mundo? ¿Con quién te gustaría relacionarte? ¿Cómo te gustaría que te recordaran?

Si se te acaba el combustible, escribe las mismas respuestas una y otra vez, cada vez con un giro ligeramente diferente. Cambia una palabra, un color o un tamaño, o un adjetivo. Hagas lo que hagas, sigue escribiendo al menos dos minutos, y más tiempo si las ideas siguen fluyendo. No pares de escribir.

Cuando hayas terminado este pequeño trozo de producción masiva de ideas, intenta hacer lo mismo con una pregunta ligeramente diferente:

> ¿Qué me gustaría realmente lograr en la vida si estuviera absolutamente seguro de poder realizarlo?

Puede que descubras que el conjunto de respuestas que obtienes es muy diferente de los resultados que arrojó la primera pregunta.

Cuando termines este ejercicio de lluvia de ideas en dos partes, descansa un momento. Levántate y estírate; ve al lavabo; sal a caminar. Al menos, respira profundo unas cuantas veces. Cuando vuelvas, cambiarás de ritmo y tendrás que sentirte lo bastante fresco para asumir un nuevo desafío.

Las prioridades

Acabas de crear tu primera lista de deseos. De hecho, has creado dos listas, de modo que fúndelas en una sola. A estas alturas en tu carrera de los deseos, es una buena idea trabajar con un solo deseo cada vez, de modo que tienes que decidir con cuál tema de tu doble lista deseas empezar a trabajar. Éste es el procedimiento.

Lo primero es numerar los temas en tu doble lista. A continuación, mira los temas 1 y 2. ¿Cuál es más importante para ti? Mentalmente, denomina ese tema Opción actual. Luego, sigue con el siguiente tema en tu doble lista —el número 3— y compáralo con tu Opción actual. ¿Cuál de las dos es más importante para ti? La que prefieras se convierte en tu Opción actual. Sigue al tema siguiente de tu lista —el número 4— y compáralo con tu Opción actual. ¿Cuál de las dos es más importante para ti? La que selecciones se convierte en tu Opción actual.

Repite este proceso con cada tema de tu lista, comparándolos todos, cualquiera que sea tu Opción actual en ese momento. Cada vez que prefieras un nuevo tema en lugar de tu Opción actual, ese nuevo tema se convierte en la nueva opción. Sigue hasta terminar la lista.

Cuando llegues al final de tu lista, la Opción actual que queda es tu tema individual más importante. Se ha convertido en tu primera opción. La has comparado directa o indirectamente con todos los otros temas que has preferido en cada ocasión. Ahora escribe un gran «N.º 1» al lado. Es el primer deseo que convertirás en realidad, el deseo en el que trabajarás durante el resto de este libro.

Este proceso de establecer prioridades se denomina «selección de burbujas» porque permite que el tema más importante aflore a la superficie de tu lista, de la misma manera que las burbujas suben a la superficie de una copa de champán. Me agrada porque me permite reducir incluso las decisiones más complicadas a una serie de elecciones sencillas entre dos alternativas. Incluso cuando intento establecer una prioridad de una larga lista de temas, nunca tengo que comparar más de dos temas a la vez. Descubrirás que es una herramienta versátil cada vez que tengas que tomar una decisión, de modo que te aconsejo practicarla antes de seguir adelante.

Continúa y define cuál es el segundo tema en importancia en tu lista de deseos. Descarta tu primera opción porque ya la has clasificado. Piensa en los temas que quedan, y compara sólo dos a la vez, de la misma manera que lo hiciste la primera vez. Cuando acabes con la segunda revisión, habrás seleccionado tu Segunda opción, a saber, el segundo tema más importante en tu lista. Escribe un «N.º 2» al lado. Repite el proceso para descubrir tu Tercera opción, tu Cuarta opción, y así sucesivamente, hasta que hayas clasificado los diez primeros temas de tu lista.

Las opciones difíciles

¿Qué sucede cuando no puedes decidirte entre A o B? Imagina que por el momento no puedes tener ambas. Tienes que elegir entre una o ninguna. Pregúntate: «¿Cómo sería vivir sin A?». Escucha tu respuesta. Luego pregúntate: «¿Cómo sería vivir sin B?». Si una pequeña voz en tu interior te dice que sería más fácil vivir sin una que sin la otra, respeta aquella intuición. Has tomado tu decisión.

Cuando te resulte absolutamente imposible decidir entre dos alternativas, lanza una moneda. Lo digo en serio. Si realmente no puedes escoger entre las dos, entonces no importa cuál escoges. Deben ser ambas muy similares, de modo que ¿por qué no te das una oportunidad?

Si tomas la decisión lanzando una moneda, no te sorprendas si escuchas una vocecilla en tu interior que dice que te has equivocado. Tal vez tus opciones no eran tan similares como pensabas. Pero puedes estar tranquilo, siempre podrás cambiar de opinión. Al menos al lanzar la moneda, has salido del apuro.

Recuerda, a estas alturas lo único que estás haciendo es

establecer prioridades. No estás descartando ninguna opción, sino sólo decidiendo cuál es el deseo que quieres trabajar en primer lugar, cuál en segundo lugar, y cuál en tercero. Una vez que hayas tomado esa decisión, sólo tienes que realizar tus deseos respetando el orden de importancia que les asignas.

Sin embargo, antes tienes que ver cómo tu deseo te ayuda a cumplir con tu proyecto en la vida.

2

La finalidad

En una ocasión, un filósofo europeo grabó este mensaje en su contestador automático:

> «Este aparato está programado para formular
> dos sencillas preguntas: ¿Quién eres y qué quieres?
> La mayoría de las personas viven toda su vida
> sin contestar a ninguna de las dos»

Las personas que más éxito tienen en conseguir que sus deseos se cumplan son personas que saben quiénes son y qué quieren. Eligen deseos que las ayudan a realizarse en la vida. Con el fin de sacar el máximo provecho de tu asombroso poder de conseguir que tus deseos se cumplan, lo primero que tienes que hacer es definir un proyecto, y luego escoger los deseos que te ayudarán a realizarlo.

Earl Nightingale, uno de los grandes filósofos modernos cuyo trabajo versa sobre los logros humanos, solía distinguir entre seres del río y seres con proyectos. Según Nightingale, los seres del río son aquellos pocos afortunados que parecen haber nacido para un fin específico. Desde la infancia, parecen saber lo que quieren hacer con sus vidas. Se encuentran en medio de un gran río de intereses y fluyen con él todos los días de su vida.

Y luego, estamos todos los demás. Somos los seres con proyectos o, lo que parece más apropiado para este libro, somos seres que desean. No nacemos con un interés que abarque toda nuestra existencia. No nacemos con un proyecto definido en la vida. Al contrario, tenemos que definirlo.

Yo, desde luego, no nací en un río de intereses. Durante años, me pregunté qué se suponía que tenía que hacer con mi vida. Envidiaba a las personas que sabían dónde estaban situadas, personas que parecían haber nacido con el sentido de una misión, lo bastante afortunadas para fluir con su río de intereses. Si aquello sólo me sucediera a mí, solía decirme. Y luego, un día, eso fue lo que sucedió.

Caminaba por el bosque (aún recuerdo el lugar exacto) y me preguntaba qué haría con mi vida. De pronto, apareció la respuesta. Como si se hubiera grabado en mi frente con toda claridad, entendí que mi gran proyecto en la vida consistía en definir mi proyecto. Aquella era mi misión. Aquel era mi río de intereses. Y siempre lo había sido. Durante toda mi vida adulta había perseguido la misma misión, a saber, definir mi proyecto. Pero jamás lo había entendido. Jamás lo había reconocido como una misión. Jamás lo había aceptado como un proyecto válido. Y al aceptarlo, entendí con absoluta certeza qué se suponía que debía hacer con mi vida: estaba en este mundo para definir mi proyecto.

Por primera vez en mi vida, me sentí como un ser del río. Entendí en qué consistía mi existencia. Tenía una razón para levantarme por las mañanas, y mis días tenían un significado porque de pronto los había llenado con un quehacer significativo. Tenía algo vitalmente importante que realizar, un proyecto, y casi no podía esperar a sumergirme en él, día tras día.

Lo que aprendí aquel día es que no importa cuál sea nuestro proyecto. Lo único que importa es que tengamos uno. Y si no tenemos uno, entonces nuestro proyecto es definirlo. Eso se convertirá en tu río de intereses.

Cuando adoptes esta actitud, verás que todo lo demás encaja en su lugar. Te embarcarás en un viaje de descubrimiento de ti mismo. Te abrirás a nuevas ideas, a actividades e intereses que jamás habías contemplado antes. Todo lo que hagas a partir de ese momento se convertirá en una parte de tu proyecto recién descubierto y de tu misión recién descubierta en la vida, a saber, definirte e inventarte a ti mismo.

Para encontrar tu objetivo, empieza con aquello que te interesa. Jamás he conocido a alguien que no tuviera un interés en algo. Pero he conocido a muchas personas que jamás se han permitido reconocer sus intereses. Piensan que las cosas que les gustan carecen de importancia en el gran esquema del mundo, de modo que buscan un significado y un proyecto en todas partes. Mientras tanto, lo que buscan lo tienen delante de las narices.

Encontrar tu objetivo en la vida no tiene que ser una búsqueda grandiosa. En lugar de preguntarte: ¿Qué quiero hacer con mi vida?, tómate las cosas con calma y pregúntate: ¿Qué me gusta hacer? Y luego, escucha tus respuestas, y escúchalas todas. Anótalas en un papel. Escribe todo lo que pienses. Escribe las cosas banales, y también las ridículas. Escribe las cosas que te avergüenzan. Anota todo lo que te venga al pensamiento. No tienes que compartir estas ideas con nadie, sólo contigo mismo. Si lo que te interesa no parece lo bastante importante para ponerlo por escrito, es sólo porque intentas juzgar tus intereses en lugar de vivirlos. Intenta vivirlos y habrás dado tu primer gran paso para que tus deseos se conviertan en realidad.

Si disfrutas haciendo algo, hazlo. ¿Te agrada escuchar música, ir al cine, leer, mirar la televisión, cocinar, trabajar con coches, aprender cosas, limpiar la casa, dar largos paseos, observar los pájaros, enseñar, tallar piezas de jabón, construir muebles, coser, navegar en Internet, escribir poesía, construir castillos de arena? Siempre y cuando tu actividad o afición no sea autodestructiva (por ejemplo, consumir drogas), ni dañina para otras personas o para el medio ambiente, ¿por qué no la disfrutas plenamente?

Si te agrada hacer algo, dedícate a ello. No tienes que convertirlo en tu proyecto oficial en la vida. Y, si así fuera, ¿qué importa? ¿Qué pasaría si decidieras pasar el resto de tu vida dedicado a aquello con lo que disfrutas? Eso es lo que hacen los seres del río. A veces los tachan de excéntricos, despistados u obsesivos. A veces les llaman genios. Sin embargo, cualquiera que sea el nombre que reciban, estas personas se limitan a fluir con su río de intereses y disfrutan del viaje. No se preocupan de si lo que hacen es importante para el resto del mundo. Les importa que sea vital para ellos. No se han propuesto salvar a la humanidad. Se han propuesto salvarse a sí mismos de una vida sin placeres y carente de sentido.

Sin embargo, algunos se preguntarán si acaso aquello no es egoísmo. Ya lo creo que es egoísmo. Es el tipo de egoísmo sano, el tipo de egoísmo iluminado, el egoísmo que dice que aportarás mucho más al mundo haciendo lo que te importa que haciendo algo que detestas. Si quieres maximizar tu contribución a tus semejantes, le debes a ellos y a ti mismo el que puedas perseguir tus sueños, tu proyecto y tu felicidad.

Haz aquello que, en tu opinión, estás destinado a hacer, no lo que piensas que supuestamente debes hacer. Si te preocupa que jamás llegues a ser gran cosa a menos que tu proyecto sea «valedero», no pierdas tu tiempo, ya eres algo. Tus logros en la vida no son la fuente de tu valía como ser humano. Son el resultado. El valor propio antecede al proyecto, y no al revés. Cuando aceptes tu valor como persona, cuando aceptes que ya eres algo, te liberarás para sacarle el máximo provecho a tu vida. Te liberarás para definir tu proyecto. Y es ahí donde comienza la diversión.

Para descubrir tu proyecto, empieza preguntándote qué es lo que disfrutas haciendo, y luego hazlo. Es como actúan los seres del río. No realizan grandes sacrificios para perseguir sus sueños. No es necesario practicar una autodisciplina de hierro para mantenerse activos. Simplemente se dedican a hacer aquello que disfrutan. Esa es su recompensa. Y es por eso que lo hacen. Sus logros son simplemente un producto secundario de aquel goce.

Cuando hayas definido tu proyecto (aun cuando aquel proyecto sea simplemente definir tu proyecto), el resto se dará por añadidura. En tu vida habrá un punto central y una intensidad con la que nunca habías soñado. Comenzarás a hacer de tus sueños una realidad, uno tras otro. Día a día descubrirás que creces y que contribuyes al bienestar de quienes te rodean, y que sacas el máximo provecho de ti mismo como ser humano. He ahí el proyecto más noble de todos.

3

¿Estás dispuesto a pagar el precio?

Y Dios dijo: toma lo que quieras, pero paga por ello.

VIEJO PROVERBIO ESPAÑOL

En una ocasión, se celebró una fiesta en la que un pianista mundialmente famoso daba un recital. Después de su actuación, la anfitriona le dijo al pianista: «Haría lo que fuera por tocar como usted».

El pianista la miró pensativamente un momento y replicó: «No, no haría lo que fuera».

La anfitriona, sorprendida y avergonzada frente a sus invitados, dijo: «Sí, haría cualquier cosa».

El pianista negó con un gesto de la cabeza. «Le fascinaría tocar como yo en este momento, pero no estaría dispuesta a practicar ocho horas al día durante los próximos veinte años para alcanzar este dominio.»

Todos guardaron silencio y se quedaron mirando sus platos. Nadie objetó, porque sabían que el pianista tenía razón. La anfitriona se equivocaba. Quería ser pianista y tocar en concierto, pero no estaba dispuesta a pagar el precio para convertirse en pianista.

Todos los deseos tienen su precio. Puedes tener todo lo que quieras si estás dispuesto a pagar el precio. Puede que se trate de un precio en metálico. O, quizá, de un esfuerzo, a saber, las semanas o meses o años que tardarás en convertir tu sueño en realidad. O puede que el precio sea un sacrificio, aquello a lo que debes renunciar para conseguir lo que deseas. Cualquiera que sea ese precio, tienes que pagar al contado, porque no se puede regatear con el destino.

Tu disposición a pagar ese precio es lo que te otorga el poder de generar la causa para que tu deseo se cumpla. Si estás cien por cien dispuesto a pagar el precio, entonces tienes cien por cien de probabilidades de tener éxito. Si sólo estas dispuesto en un cincuenta por ciento a pagar el precio, entonces tendrás un cincuenta por ciento de probabilidades de tener éxito. Es una simple cuestión de causa y efecto. El precio es la causa, y el deseo es el efecto. Paga el precio (pon en movimiento la causa apropiada) y el deseo se cumplirá por sí solo.

Una razón de peso

Piensa en tu primera opción de tu lista de deseos. ¿Cuánto te costará? ¿Cuánto te costará en dinero? ¿Cuánto te costará en esfuerzo? ¿Cuántas semanas, meses o años tendrás que trabajar para ello? ¿Cuánto te costará en sacrificios? ¿Dispondrás de menos tiempo para dedicar a la familia, menos tiempo con tus amigos, o menos tiempo mirando la televisión, o dedicado a tu afición favorita, a jugar al golf o a estar en casa sin hacer nada? Cuando tengas una idea de lo que este deseo te costará, ¿estás dispuesto a pagar el precio?

He aquí una pregunta interesante: ¿Por qué estás dispuesto a pagar ese precio? ¿Qué razones tienes para que ese deseo se cumpla?

Las personas que tienen más éxito a la hora de hacer que

sus deseos se cumplan son las que tienen razones de peso para ello. En lugar de intentar estimularte para pagar un precio exorbitante por un deseo, ¿por qué no elegir un deseo que se compadezca con ese precio para empezar? Elige un deseo que te obligue a hacerlo realidad.

Si tu primera opción no te obliga, escoge otro deseo. Mira tu segunda o tu tercera opción. Si es necesario, vuelve a elaborar tu lista de deseos. Lanza nuevas ideas y establece nuevas prioridades hasta que escojas un deseo que te obligue a pagar el precio, un deseo que justifique el tiempo que dedicas a superar todos los obstáculos que encontrarás en el camino. Escoge un deseo que tenga tanto peso que no te conformarías con menos. No llegarás muy lejos si no aplicas este principio.

El desarrollo

Mientras buscas un deseo de peso, recuerda esto: escoge un deseo por la transformación que obrará en ti el hecho de alcanzarlo. Cuanto mayor sea el deseo, más tienes que crecer para que éste se cumpla. Esa es la verdadera recompensa, y es la razón por la que los seres humanos luchan para tener más de lo que tienen. No son tus logros lo que te procura la felicidad y el sentido de la realización, es la persona que debes ser para lograrlo. No consigues lo que quieres de la vida sino que consigues lo que eres.

Ésta es la razón por la que es necesario un esfuerzo para que funcione tu lámpara mágica. Si sólo tuvieras que chasquear los dedos para conseguir lo que quieres, jamás tendrías que desarrollar tu potencial ni tendrías que superarte. Sin embargo, al insistir en que la única manera de conseguir tu deseo es convertirte en el tipo de persona para quien ese deseo es posible, el universo te brinda uno de los más grandes regalos: el desarrollo.

Junto con este regalo, hay una advertencia: cuídate de cualquier deseo que te convierta en alguien que no deseas ser. Ese es un precio demasiado alto. Ningún deseo justifica la renuncia a tus valores, a tu carácter o a tu integridad. Ningún deseo justifica perder las únicas cosas que vale la pena tener. Si un deseo te obliga a convertirte en un ser inferior a lo que quieres ser, no merece la pena.

4

Formula un deseo presentable

Los deseos tienen muy mala prensa. Cuando somos niños, nos dicen: «Si los deseos fueran caballos, los mendigos tendrían caballerizas». ¡Qué disparate! Si los mendigos supieran cómo desear, hasta podrían alquilar limusinas.

Los deseos han estado enclavados en el corazón de los logros humanos desde que nuestros ancestros bajaron de los árboles e iniciaron su camino hacia la civilización. Los deseos son la fuerza más poderosa de que disponemos. Sin embargo, la mayoría no sabe que existen, y mucho menos sabe controlarlos.

El secreto es el siguiente: no te conformes con formular un deseo; hazlo presentable. El poder de tu deseo radica en la manera en que lo presentas a tu conciencia y a tu subconsciente. Si lo planteas de manera eficaz, dominarás el poder genial de tu mente y lograrás que tu deseo se haga realidad. Si lo planteas de manera ineficaz, tu mente se desprenderá de él, como si se tratara de cualquiera de tus buenas intenciones, inoportuna e inalcanzable.

A continuación, revisaremos once pasos que te ayudarán a hacer tu deseo tan presentable que tu mente lo hará realidad de manera natural. Cuando leas cada paso, aplícalo al deseo que has decidido trabajar como prioritario.

1. Anótalo

Si crees que tu deseo está definido tan claramente que no tienes que anotarlo, te engañas. Anótalo, o despídete de él. Cuando escribes tu deseo, le das la claridad, el alcance y la urgencia que no le puedes dar de ninguna otra manera. Lo exhibes en el mundo frente a tus propios ojos. Lo conviertes en algo real, en algo que te devuelve la mirada desde la página y te desafía a que lo hagas realidad.

Si quieres que tu deseo se cumpla, anótalo. Si no quieres que se cumpla, no lo anotes. Si no lo anotas, no es un deseo, y esto es una verdad irrefutable.

2. Plantea algo específico

Un deseo presentable es específico en todos sus detalles. Cuando eres capaz de imaginarte con precisión lo que deseas, cuando puedes sentirlo, oírlo, tocarlo, saborearlo, se trata de algo específico.

Cuanto más específico seas, más probabilidades tendrás de obtener lo que deseas. Si deseas dinero, ¿cuánto dinero deseas? ¿Cuándo lo quieres? Si deseas una casa nueva, ¿de qué tipo de casa se trata? ¿Dónde? ¿Cuántas habitaciones? Si deseas un empleo mejor, ¿en qué campo? ¿Con qué sueldo? ¿Para qué empresa? Si deseas una relación más rica, ¿con quién? ¿Qué sentirás? ¿Qué oirás? ¿Qué aspecto tendrá?

Cuando especifiques tu deseo, obtendrás muchas y poderosas ventajas:

- **Podrás seguir la huella de tu progreso**
  Si no sabes lo que quieres, ¿como sabrás que lo has conseguido? Más aún, ¿cómo sabes que no lo has conseguido ya?

- **Evitas la ambigüedad**

Si dices: «Deseo A o B», tu mente no puede definir la alternativa en que deseas centrarte, de modo que, al final, no te centras en ninguna de las dos. Por el contrario, si te concentras en un deseo específico, tu mente actúa sin restricciones ni confusión.

- **Evitas resultados no deseados**

Los deseos vagos son peligrosos porque a veces se cumplen de manera no deseada. Por ejemplo si deseas «más libertad en el trabajo», puede que te despidan. Si deseas «perder peso», puede que te encuentres aquejado de una grave enfermedad, uno de cuyos síntomas es la pérdida de peso. Si deseas «un montón de dinero», puede que acabes siendo beneficiario de una cuantiosa herencia, pero a costa de perder a la persona que más amas. Desea exactamente lo que quieres, y no te sucederá lo que no quieres.

- **Centras tu poder mental**

¿Alguna vez te has fijado que sueles prestar atención a las cosas que te interesan? Te compras un coche nuevo, y comienzas a darte cuenta de que muchas otras personas conducen el mismo modelo. Te enamoras de una pelirroja, y te das cuenta de que muchas otras personas son pelirrojas. Lees un libro sobre la naturaleza, y te vuelves sensible a la puesta de sol y al canto de los pájaros, aunque ambos fenómenos siempre hayan existido.

Cuando expresas tu deseo de manera específica, alertas a tu cerebro para que preste atención a las personas, la información y los recursos que pueden ayudarte a hacer realidad tu deseo. Hacia donde mires, descubres coincidencias útiles, aquello que la gente llama suerte, aunque en realidad eres tú quien ha hecho posible estas coincidencias porque eres consciente de lo que deseas. Cuanto más específico seas, más suerte generarás.

3. Fija un plazo

Un deseo sin un plazo no es más que perder el tiempo con ilusiones pasajeras sin principio ni fin. El plazo impone un sentido de urgencia, y se parece a cómo te sientes cuando estás a punto de salir de viaje. Sin embargo, los plazos no están destinados a infundirte pánico sino a ofrecerte un punto para centrarte. No los utilices como una camisa de fuerza. Si no puedes respetar un plazo, toma la decisión de cambiarlo. Siéntete cómodo con esa decisión. Pero no la pierdas de vista. Si quieres que tu deseo se cumpla, tienes que saber exactamente hacia dónde apuntas, y cuál es tu plazo.

4. Diseña algo que puedas medir

A veces ganas y piensas que estás perdiendo porque no llevas un registro. Medir es una manera de llevar un registro. Te permite ver cuánto has progresado y hasta dónde tienes que llegar. Si no puedes medir tu deseo, no sabrás cuándo lo has hecho realidad.

Ciertos deseos son fáciles de medir, como ganar una cierta cantidad de dinero o perder tantos kilos de peso. Ahora bien, ¿cómo es posible desear cosas que no podemos medir, como una mejor relación de pareja o un empleo más gratificante o un sentimiento de paz interior? Es fácil, lo único que tienes que hacer es convertir aquellos deseos en algo que puedas medir. Conviértelos en acciones concretas.

Por ejemplo, supongamos que tu deseo es mejorar tu relación de pareja. Para convertir este deseo imposible de medir en algo que puedas calibrar, pregúntate:

1. ¿Qué cambios específicos puedo llevar a cabo en la manera de actuar con mi pareja para mejorar nuestra relación?

2. ¿Llevaré a cabo estos cambios simultáneamente o progresivamente?

3. ¿Cuál es mi fecha límite?

Cuando hayas decidido modos concretos de medición para mejorar tu relación, puedes expresar tu deseo mediante acciones concretas. Por ejemplo, en lugar de desear una mejor relación de pareja, algo que no puedes medir, podrías desear hacerle masajes de espalda a tu pareja un par de veces a la semana. Podrías tomar la iniciativa de pasar la aspiradora una vez al mes en lugar de dejarle todo el trabajo a tu pareja. O podrías cortar el césped cada dos semanas en lugar de dejarle todo el trabajo del jardín. Quizá sea una buena idea llevar a los niños a jugar al fútbol el sábado por la mañana para que tu pareja pueda dormir hasta tarde. Podrías sacar la basura o envolver los regalos de cumpleaños, o limpiar después de una cena en casa con amigos, cualquier cosa que aligere el peso del trabajo de tu pareja y enriquezca la relación.

El mismo enfoque se aplica a los deseos de un estado mental, como la felicidad, la alegría o la ilusión de vivir. No puedes medir estas cosas, de modo que piensa en emprender acciones específicas que te conducirán al estado mental que deseas.

Por ejemplo, si lo que deseas es paz interior, algo que sientes con facilidad cuando vas de camping, intenta dedicar más tiempo a esta actividad. Si te quieres sentir realizado, algo que sientes sobre todo cuando te dedicas a los trabajos comunitarios, dedícale más tiempo al servicio de la comunidad. Si te quieres sentir feliz, sentimiento que experimentas sobre todo cuando estás en familia, dedícale más tiempo a la familia.

Desea algo que puedas medir y esto te permitirá, a su vez, medir el éxito.

5. Desea sólo aquello que puedas controlar

Los deseos tienen que ver con lo que haces, no con lo que hacen otras personas, porque eso es lo único que puedes controlar. No hay lugar en tus deseos para lo que otras personas debieran pensar, hacer o sentir, porque no tienes control sobre ello. Céntrate en las cosas en las que sí puedes influir.

Por ejemplo, no puedes desear que te amen, porque no puedes hacer que eso ocurra. Pero puedes desear amar. No puedes desear que la vecina del piso de al lado salga a cenar contigo, porque no puedes hacer que eso ocurra. Pero puedes desear tener el valor para invitarla a cenar. No puedes desear que alguien te haga feliz, porque esto escapa a tu control. Pero puedes desear pasar más tiempo haciendo las cosas que te hacen feliz.

Si sólo deseas aquello que puedes controlar, siempre tendrás el éxito a tu alcance. Si deseas algo que no puedes controlar, el éxito estará en manos de los otros.

6. Desea aquello que quieres, no lo que no quieres

Tu mente se acerca al objeto de tu pensamiento. Si piensas en aquello que quieres, te acercarás a ese objetivo. Si piensas en lo que no quieres, también te acercarás a ello.

En lugar de decir: «Desearía no estar sin blanca», piensa: «He decidido tener 100.000 dólares en el banco».

En lugar de decir: «Desearía no ser gordo», piensa: «He decidido perder quince kilos».

En lugar de decir: «Desearía no ser tan estúpido», piensa: «He decidido cultivarme».

En lugar de decir: «Desearía no estar tan solo», piensa: «He decidido buscar nuevas amistades».

Pide aquello que quieres, y lo conseguirás. Pide aquello que no quieres, y te encontrarás en un atasco.

7. Comienza tus deseos diciendo: «He decidido...»

El verdadero secreto del éxito no es la autodisciplina; es decidir tener éxito. En cuanto tomas una decisión, eliminas todas las dudas y vacilaciones que encuentras cuando intentas aclararte. En lugar de preocuparte por lo que tienes que hacer, hazlo. Pulsa un pequeño conmutador en tu cerebro que te ordena hacer lo que sea necesario para llevar a cabo tu decisión. Conjura todos los poderes de tu cuerpo y tu mente para ejecutar tu decisión.

Un deseo es una decisión puesta en movimiento. La manera más efectiva de poner en movimiento una decisión es comenzar un deseo diciendo: «He decidido...». Estas palabras transforman tu deseo en una poderosa orden para llevar a cabo aquello que has decidido. Cada vez que digas «He decidido...», has optado por el éxito.

8. El factor emocional

Tu deseo debería incluir una recompensa emocional para que puedas utilizar el poder de esa emoción y conseguir que tu deseo se haga realidad. Por ejemplo, si tu deseo consiste en mejorar tu relación matrimonial, podrías decir: «He decidido ayudar con dedicación amorosa a mi pareja en los trabajos de casa». Si tu deseo es levantarte todas las mañanas a las seis y tener un momento para ti mismo antes de salir al trabajo, podrías decir: «He decidido de buena gana levantarme todas las mañanas a las seis». Si tu deseo es aumentar los ingresos de la empresa en que trabajas en un 50 por ciento, podrías decir:

«Decido con ilusión aumentar los ingresos de la empresa en un 50 por ciento».

Podría extenderme en un largo discurso psicológico acerca de por qué esto es importante, pero en lugar de contártelo, prefiero enseñártelo. Sígueme y verás lo que quiero decir.

Escoge una emoción que te gustaría sentir cuando hagas realidad tu deseo. Ahora, añade esta palabra a tu deseo. Por ejemplo, si lo que quieres sentir es alegría, y tu deseo es: «He decidido encontrar un nuevo empleo», modifícalo para que se lea de la siguiente manera: «He decidido alegremente encontrar un nuevo empleo». Ahora manifiesta tu deseo en voz alta, con la palabra que le añade emoción, y asegúrate·que sientes aquella emoción cuando lo dices. Si estás diciendo «alegre», siéntete alegre. Si dices «gozosamente», siente ese goce. Si dices «triunfante», siéntete triunfante.

Ahora elimina la palabra que connota emoción y repite tu deseo sin asomo de emoción. Observarás que carece de relieves. Ya no está cargado de pasión ni posee el mismo espíritu. Tu deseo es como un electrodoméstico y tus emociones son como el enchufe en la pared. Conseguirás mucho más si lo mantienes enchufado.

Cuando incluyes un factor emocional en tu deseo, tienes tendencia a trabajar más en ello porque lo disfrutas más. Cuanto más te esfuerces, más probabilidades tendrás de hacer realidad tu deseo. Antes de que te des cuenta, disfrutarás del trabajo tanto como disfrutas de los resultados. A partir de ese momento, los resultados se manifestarán por sí solos.

9. La brevedad

Cuanto menos mejor. Cuanto más breve sea tu deseo, mayor será el impacto emocional. Una sola frase basta. Para que tu deseo sea breve, imagínate que cada palabra te costará una fortuna.

10. Cree en los resultados

¿Por qué el jardinero se tomaría el trabajo de plantar una semilla, regarla, fertilizarla y cuidarla, a veces durante semanas, antes de ver cualquier resultado de su esfuerzo? Porque cree que la semilla crecerá y se convertirá en algo que justifique el esfuerzo. Quizá se convierta en una flor, en un fruto, en una verdura comestible. Cualquiera que sea el resultado esperado, las expectativas preceden al resultado. Los únicos jardines que cuidamos son aquellos en cuyo crecimiento creemos.

Cuando formules un deseo, tienes que creer que tendrás éxito, o no estarás dispuesto a realizar ese esfuerzo. Con la fe viene la acción. Con la acción vienen los resultados. Sin fe, no hay ni acción ni resultados.

11. Emprende la acción de inmediato

El último paso para que tu deseo sea presentable es enviar a tu cerebro el mensaje más poderoso de todos: actuar ahora. Si no lo haces, serás víctima de la «Ley del esfuerzo decreciente»: cuanto más tiempo transcurra antes de que actúes, menores son las probabilidades de que des ese paso.

Antes de abandonar la silla en que estás sentado, haz algo para poner tu deseo en práctica. Haz una llamada por teléfono, diseña un plan, lee algún artículo útil en un periódico o una revista, escribe una carta. Haz algo para que la bola siga rodando. Haz cualquier cosa. Lo importante es emprender algún tipo de acción ahora, antes de que pierdas el momento, y con ello tus posibilidades de hacer de tu sueño una realidad.

Un deseo presentable

Si no has creado un deseo presentable a medida que avanzábamos, dedica un momento ahora a volver atrás y a hacer tu deseo presentable. Utiliza el método de los once pasos. Anótalo. Especifícalo. Hazlo medible. Haz todo lo necesario para que se haga realidad. Luego, pasa a la acción inmediatamente para emprender el camino.

Si has llegado hasta aquí y aún no sabes qué desear, entonces formula tu primer deseo: deseo saber qué desear. Conviértelo en deseo oficial. Hazlo presentable. Emprende la acción de inmediato. Hazlo ahora, y verás que tus deseos se hacen realidad a lo largo de toda tu vida.

5

El plan

Ya sabes qué desear. Te has comprometido a pagar el precio. Has formulado tu deseo de manera presentable. Ahora tienes que crear un plan L.A.M.P. para poner tu Proceso L.A.M.P. en movimiento.

Un proyecto L.A.M.P. es un sencillo plan de acción en el que descompones tu deseo en pasos tan pequeños que estás impaciente por empezar con el primero, y luego el siguiente, y así sucesivamente hasta que, antes de que te percates, has hecho realidad tu deseo.

Tu proyecto L.A.M.P. es un puente que va del pensar al hacer. Traduce tu deseo, desde una idea, a las acciones necesarias para convertir esa idea en realidad.

Un buen plan te motiva a acabar incluso los más pequeños detalles porque los fija todos en el esquema más amplio. Cuando trabajas en cualquiera de los pasos del plan, sientes como si trabajaras el conjunto, de modo que cada paso merece todos tus esfuerzos.

Sin embargo, la magia de tu plan no está en los detalles sino en la libertad que esos detalles te dan. La libertad para que no te preocupes de qué hacer a continuación. La libertad para centrar toda tu energía y atención en el paso que te ocupa, sabiendo que cada paso que das te acerca a donde quieres ir. La libertad de intentarlo, porque sabes que tendrás éxito. Un buen plan te deja la mente tranquila y el cuerpo en movimiento. Elimina la confusión, la incertidumbre y la duda para que te concentres en acabar lo que has empezado.

Lluvia de ideas para un plan

Cuando creo un plan, tengo mi objetivo en mente y luego llevo a cabo una sesión de lluvia de ideas para saber cómo llegar de aquí allá. En la parte superior de la hoja escribo esta pregunta: *¿Qué pasos necesito dar para...?* A continuación, simplemente relleno el espacio en blanco, me formulo la pregunta y escribo mis respuestas.

Pensemos en un ejemplo. Supongamos que tu deseo consiste en llegar a ser director de finanzas de Acme Emporium. En la parte superior de la hoja escribes la siguiente pregunta: *¿Qué pasos necesito dar para convertirme en director de finanzas de Acme Emporium?* Formúlate esta pregunta y escribe tus respuestas. Puede que se parezcan a estas:

1. Llamar a mis amigos para saber si alguno de ellos tiene contactos con Acme Emporium.
2. Definir concretamente a quién debería abordar en Acme Emporium.
3. Anotar las referencias que me podrían ayudar a conseguir el trabajo.
4. Actualizar mi currículum vitae.
5. Investigar Acme Emporium.

Cuando hayas anotado todos los pasos en que puedas pensar, disponlos en el orden que mejor se presten a su realización:

1. Investigar Acme Emporium.
2. Llamar a mis amigos para ver si alguno de ellos tiene contactos con Acme Emporium.

3. Definir concretamente a quién debería abordar en Acme Emporium.

4. Actualizar mi currículum vitae.

5. Anotar las referencias que me podrían ayudar a conseguir el trabajo.

A continuación, descompone los pasos más grandes en pasos más pequeños. Por ejemplo, el paso número 4 podría tener este aspecto:

Paso n.º 4. Actualizar mi currículum.

1. Leer un libro acerca de cómo redactar un currículum.

2. Asistir a un seminario sobre el tema.

3. Pedirle consejos a un amigo.

4. Escribir el primer borrador.

5. Comentar el primer borrador con algunos amigos.

6. Acabar mi currículum vitae.

7. Hacer tantas copias como necesite.

Algunos de estos pasos, a su vez, pueden ser descompuestos en pasos aún más pequeños, y éstos descompuestos a su vez. La idea consiste en seguir descomponiendo los grandes pasos hasta que definas pasos tan pequeños que te parezcan estimulantes. Quieres asegurarte de que puedes ir de un paso al siguiente sin dificultades innecesarias. Ningún paso debería intimidarte tanto que no puedas abordarlo, o, de lo contrario, cuando llegues a él, se verá comprometido el conjunto del proceso.

Después de descomponer uno de los grandes pasos, repite el proceso para cada uno de los siguientes, hasta que todos los grandes pasos se reduzcan a una serie de tareas gestionables. Tendrás entonces una lista de los pasos necesarios para llevarte desde donde estás hasta donde quieres ir. Cuando estudies esta lista, y te des cuenta de la facilidad con que puedes manejar sus elementos, comenzarás a entender lo sencillo que es hacer realidad tu deseo. Es como construir una escalera y apoyarla contra un enorme árbol. Cuando hayas terminado, puedes relajarte, admirar tu trabajo y decir con convicción: Ahora sé que puedo escalar hasta allá arriba.

Los plazos

No tienes un proyecto si éste carece de un plazo. El objetivo de los plazos es hacerte sentir la urgencia. Te permiten saber con qué seriedad te propones hacer de tus sueños una realidad. Encienden la luz al final del túnel para que puedas acelerar la marcha y llegar a ella.

Establece plazos razonables. Si quieres conseguir un nuevo empleo, piensa en darte un plazo de al menos seis meses, no seis semanas. Si quiere doblar tus ventas, proponte un plazo de un año, no de un mes. Si quieres alcanzar la independencia económica y has empezado desde cero, piensa en diez años, no en uno solo. Los plazos están diseñados para que te centres, no para convertirte en víctima del pánico.

Cuando comencé a escribir este libro, me fijé un plazo de siete meses para acabarlo. Siete meses más tarde estaba fascinado con mi progreso, pero sólo había llegado a la mitad. Pensé que me había engañado a mí mismo, pero luego me di cuenta de que mi único error había sido subestimar el tiempo que tardaría en escribir el tipo de libro que quería. En lugar de angustiarme, simplemente volví a fijar mi plazo en doce meses en lugar de siete. Al final, tardé quince meses en acabar el libro, más del doble de lo que había pensado originalmente. Pero lo acabé.

La ventaja de fijar un plazo es que fijas tu deseo en el tiempo, no sólo en tu mente. Planificas tu vida en torno a ello, de la misma manera que planificas cualquier otro acontecimiento importante. Tu deseo se convierte en algo real, como una cita, o unas vacaciones, o un viaje de negocios que tienes programado para el mes siguiente. Cuanto más real sea tu deseo, más convencido estarás de que lo puedes hacer realidad.

Una fría tarde de invierno antes de que acabara *La lámpara mágica*, recuerdo haber pensado en las vacaciones que estábamos planificando en familia. Pensaba dónde estaría con mis diversos proyectos el día en que partiéramos de vacaciones, cuando de pronto se me ocurrió algo interesante: *La lámpara mágica* estaría acabada. Para aquel entonces, yo estaría trabajando con mi editor, programando actos de firma del libro, entrevistas publicitarias y conferencias. Y ya habría escrito la mitad de mi libro siguiente. Estos acontecimientos me parecían tan reales como si ya fuesen recuerdos.

Con una salvedad, y era que aún no tenía editor. No había programado firmas de mi libro, ni entrevistas publicitarias ni conferencias. Ni siquiera había acabado mi libro. Pero había acabado mi plan. Había fijado plazos. Desde el momento en que comencé a programar en torno a esos plazos, mi deseo se convirtió en algo tan real como si ya lo hubiera realizado. En ese momento, supe con total seguridad que lo realizaría, con la misma seguridad que sabía que estaría disfrutando de la playa en el mes de agosto.

Cuando fijes tu deseo en el tiempo, sentirás que es lo más natural del mundo completarlo en su debido tiempo. Esa es la virtud de los plazos.

Los objetivos intermedios

Los objetivos intermedios están diseñados para mantenerte en movimiento hacia tu plazo principal. Te ayudan a realizar un progreso continuo a lo largo del tiempo, para que no tengas que hacerlo todo en el último momento.

Por ejemplo, imagina que en noviembre decides perder quince kilos antes de empezar tus vacaciones el próximo mes de julio. Para cumplir con tu plazo, podrías fijarte un objetivo intermedio de medio kilo por semana. Si cumples con este principio semana a semana, hacia julio habrás perdido los quince kilos. Si pierdes una o dos fechas, aún tendrás tiempo para rectificar antes de que sea demasiado tarde.

La programación

Cuando hayas hecho una lista de los pasos que necesitas para realizar tu deseo, y hayas establecido objetivos intermedios que te mantienen en movimiento y te permiten cumplir con tu plazo final, tienes que traducir los pasos y los objetivos intermedios a tu programación diaria. La programación zanja la brecha entre la planificación y la práctica. Es la diferencia entre una buena intención y una cita. En lugar de decirle a un viejo amigo: «Oye, tendríamos que comer juntos uno de estos días», la programación te permite decir: «Comamos el próximo martes a las dos».

Si alguna vez has utilizado una agenda de bolsillo, ya sabes cómo programar los pasos y los objetivos intermedios de tu plan L.A.M.P. Sólo tienes que ingresar cada paso en tu agenda de la misma manera que ingresarías una reunión, una cita para comer o una visita al médico. No tienes que programar todo el plan de una sola sentada, basta con programar las próximas dos semanas. Y, más tarde, si uno de los pasos te requiere más tiempo de lo esperado, o si tu programación se ve perturbada por otros motivos, no tendrás que volver a programarlo todo.

Cuando programas un paso en tu agenda, estableces una cita contigo mismo. Respétala. Trátala como una cita con la persona más importante del mundo. Porque lo es.

Tómate a ti mismo en serio. Si tú no lo haces, ¿quién lo hará por ti? Tómate con la misma seriedad como quieres que te trate el resto del mundo. Al fin y al cabo, ¿por qué habría alguien de tratarte mejor de lo que te tratas a ti mismo? Si quieres que las otras personas respeten sus citas contigo, respeta tus citas contigo mismo. Si quieres que otras personas estén presentes cuando las necesitas, aprende a estar presente para ti mismo.

El factor limitante

El *factor limitante* es el cuello de botella que puede influir en la rapidez con que realizas tu deseo. Para que un plan L.A.M.P. tenga éxito, debe estar diseñado para superar este factor limitante. Pensemos en los siguientes ejemplos: Bill es un corredor de Bolsa de mediana edad cuyo deseo es recuperar su forma física haciendo gimnasia a las seis de la mañana, antes de ir al despacho. Sin embargo, Bill detesta dejar la cama tan temprano, de modo que cada mañana inventa una nueva excusa para dormir hasta tarde, con lo cual cada mañana renuncia a su gimnasia. En su plan, el factor limitante es el deseo de seguir durmiendo. Si Bill quiere recuperar la forma, primero se tiene que levantar.

Polly es vendedora de ordenadores y desea duplicar sus ventas a lo largo del próximo año, pero le da terror hacer visitas prospectivas. Su factor limitante es el miedo. Tendrá que tratar con este miedo antes de que pueda aumentar sus visitas prospectivas lo suficiente para duplicar sus ventas.

Manuel es contable, y desea desesperadamente encontrar

un nuevo empleo, pero no tiene tiempo para buscarlo. Su factor limitante es la gestión del tiempo. Tiene que aprender a adecuar su búsqueda de empleo a su horario, ya de por sí sobrecargado, o permanecerá en su actual empleo hasta la jubilación, o hasta que lo despidan.

La característica que distingue a los factores limitantes es que una vez que los superamos, todo lo demás encaja. Si Bill desarrolla el hábito de levantarse a las seis, no tardará en recuperar la forma que desea. Si Polly aprende a disfrutar de las visitas prospectivas en lugar de temerlas, sus ventas se dispararán. Si Manuel aprende a gestionar su tiempo, no tardará en encontrar las horas que necesita para buscar un nuevo empleo.

Ahora, piensa en tu deseo. ¿Qué es lo que más limita tu progreso? ¿Cuál es el factor que, una vez modificado, hará que todo encaje? Puede que tengas que cambiar un hábito, como le sucedía a Bill; o puede que tengas que adquirir una capacidad, como en el caso de Manuel, o puede que sea tu manera de enfrentarte al mundo, como le sucedía a Polly. Cuando hayas identificado el factor limitante en tu deseo, diseña tu proyecto L.A.M.P. para superarlo.

Cuando decidí cambiar de carrera y convertirme en escritor después de veinte años en el mundo empresarial, me encontré frente a un factor limitante clásico: no quería escribir. Pensaba en escribir. Leía libros sobre el tema. Soñaba con ser un autor mundialmente famoso. Pero la actividad de escribir en sí misma era una tarea horrible.

En lugar de obligarme a hacer algo que no quería, centré mi plan L.A.M.P. en el aprendizaje de cómo disfrutar de la actividad de escribir. Cuando lo conseguí, todo lo demás encajó.

Tú descubrirás lo mismo. Cuando identifiques el factor limitante de tu deseo y orientes tu plan L.A.M.P. a superarlo, el resto de tu deseo encajará solo.

Los informes sobre el desarrollo del proyecto

Una vez que hayas hecho una lista de los pasos de tu proyecto L.A.M.P. y los hayas programado en tu calendario o agenda, tienes que programar regularmente informes sobre el desarrollo de tu proyecto para ver cómo te desenvuelves.

Un informe de desarrollo es como mirar por la ventana cuando viajas en tren. Al observar lo que pasa ante tus ojos, sabes si el tren viaja en la dirección correcta. Pero si no prestas atención, puede que llegues al final del trayecto y te encuentres en otra ciudad.

Para programar tus informes de desarrollo, calcula cuánto tardarás en llevar a cabo tu deseo y divide ese tiempo en intervalos regulares. Si tu deseo tardará un año, elabora un informe de desarrollo cada mes. Si tu deseo tardará un mes, elabora un informe cada semana. Incluye estos informes en tu plan L.A.M.P. Prográmalos en tu agenda, de la misma manera que programas los otros pasos de tu plan.

Cuando llegue el momento de elaborar un informe, escribe tus respuestas a estas preguntas:

1. ¿He cumplido con los objetivos intermedios que proyecté desde el último informe?
2. ¿Tengo que cambiar mi plan para cumplir con mi objetivo intermedio?
3. ¿Tengo que modificar mis objetivos intermedios?

Las circunstancias cambian constantemente. Puede que tu plan tenga que cambiar con ellas. Si descubres que tienes que introducir cambios, hazlo. Si tienes que revisar tu plan, revísalo. De eso tratan los informes de desarrollo.

Termina tu plan con tu próximo deseo

La mente del ser humano es una herramienta para solucionar problemas. Si no le das un problema que solucionar, lo creará. Si no le das trabajo, creará trabajo. O puede que prolongue aquello en que ya estás trabajando (retrasando así tu progreso en el cumplimiento de tu deseo) sólo para mantenerte ocupado.

Puedes evitar esto teniendo otro deseo a mano y preparado para ejecutar. No quiero decir que tengas que saltar de un deseo al otro. Sigue adelante y celebra las ocasiones en que consigues un deseo. Tómate un descanso, recarga las baterías. Pero tienes que saber lo que viene después. Tienes que saber que cuando llegue el momento de volver al trabajo, tienes un trabajo significativo al que volver. Ningún proyecto L.A.M.P. está completo hasta que hayas incluido ese paso final: tu próximo deseo.

Ya eres un planificador maestro, lo sepas o no

Algunas personas dicen que no creen en la planificación porque les quita espontaneidad a su vida. Jamás discuto con ellos, y cambio de tema. Les pregunto dónde piensan pasar sus próximas vacaciones. Se les ilumina el rostro como a los niños que ven los regalos de Navidad. Me cuentan adónde piensan ir, cuándo partirán, cuánto tiempo estarán fuera, qué piensan hacer, cuánto les costará y cuándo volverán. Hay un nombre para este tipo de información. Se llama plan.

Los planes funcionan. Lo has demostrado toda tu vida. ¿Alguna vez has salido de vacaciones y te has encontrado a dos mil kilómetros de donde pensabas ir? Desde luego que no. ¿Alguna vez has llegado a la mitad de tu trayecto, te has dado por vencido y has vuelto a casa? Eso nunca sucede. Cuando sales de vacaciones, sabes adónde quieres ir, cómo viajarás, cuándo partirás, cuánto tiempo te quedarás, cuándo volverás. Y estás decidido a acabar tu viaje.

¿Qué pasaría si tu vida funcionara de la misma manera? Eso es lo que sucederá si planificas tus deseos de la manera en que planificas tus vacaciones. De hecho, si te tomas los deseos tan seriamente como las vacaciones, puede que conviertas tu vida entera en vacaciones.

Proceso L.A.M.P. Paso 2

Actúa

6

La inercia

Los deseos son seudo profecías
que por su propia naturaleza tienden a cumplirse.

ALAN ELLIS

Los planes dotan a tus deseos de una forma. La acción les da vida. El paso 1 del Proceso L.A.M.P. consiste en mantener el rumbo hacia tu deseo y planificar para convertirlo en realidad. El paso 2 consiste en emprender la acción que requiere tu plan.

Cuando actúas, activas las causas. Cuando activas las causas, te ves recompensado con sus efectos. Cuando emprendes la acción, das un gigantesco salto, desde *pensar* tu deseo hasta *vivir* tu deseo. Tú mismo cambias y, de soñador, te conviertes en hacedor. Para realizar ese salto, tienes que superar una de las fuerzas más poderosas de la naturaleza: la inercia.

Cuando iba a la universidad, decidí que sería escritor. Salí de la universidad y conseguí un empleo como vendedor. Durante años ayudé a crear una familia, a podar el césped, a sacar la basura, a colgar las luces de Navidad, a hacer todo lo que se suponía que tenía que hacer excepto escribir. Al acercarme a los cuarenta años, entendí que tendría que darle un desenlace a mi apuesta, a saber, empezar a escribir o renunciar a mi sueño de ser escritor. Decidí conservar el sueño, pero seguía con el mismo problema: ¿cómo iba a ponerme a escribir?

Entonces recordé algo que había aprendido en clase de física en el instituto: la ley de la inercia. Un cuerpo en movimiento tiende a permanecer en movimiento; un cuerpo en reposo tiende a permanecer en reposo. Comencé a preguntarme si la inercia se aplicaba a la conducta humana de la misma manera que se aplicaba al comportamiento de los cometas que cruzaban el sistema solar. ¿Qué pasaría si mi problema fuese sólo la inercia? ¿Acaso no existía la posibilidad de que sólo tenía que dejar de ser un cuerpo en reposo y convertirme en un cuerpo en movimiento?

Decidí averiguarlo. Me comprometí conmigo mismo a escribir algo cada día. No importaba la cantidad: podía ser un par de frases o incluso una sola palabra, si eso era lo único que conseguía producir. Sin embargo, independientemente de lo ocupado, distraído o cansado que estuviera, tenía que escribir algo cada día. Me prometí que lo intentaría durante treinta días y vería qué sucedía.

Funcionó, y aprendí una de las lecciones más importantes de mi vida: la inercia es la barrera más grande contra el éxito. También es la más fácil de superar. Lo único que tienes que hacer es actuar. Cualquier acción que emprendas, por muy trivial que sea, funcionará.

Cuantas más facilidades te des para actuar, más fácil es vencer la inercia. Por ejemplo, me di tantas facilidades para escribir que ya no tenía razones para no hacerlo. En lugar de realizar una gran producción, la hice lo más pequeña que pude. Me di permiso para no hacer nada más que sentarme a trabajar un momento ante mi ordenador.

Aquel simple acto de escribir era todo lo que necesitaba para vencer la inercia. Al pulsar la primera tecla, dejé de ser un cuerpo en reposo y me convertí en un cuerpo en movimiento.

Una vez en movimiento, lo más natural era seguir en movimiento y continuar escribiendo. Y eso hice. Me sentaba a escribir una sola frase, y llegaba a completar toda una página.

Puedes vencer tu propia inercia de la misma manera. Piensa en pequeño. En lugar de intentar realizar tu deseo en un solo día, céntrate en un solo paso, el paso más pequeño en que puedas pensar. Desde el momento en que emprendas la acción, cualquiera que sea, habrás vencido la inercia. Te convertirás en un cuerpo en movimiento y tenderás a permanecer en movimiento. Lo más natural del mundo sería que dieras el próximo paso, y luego el siguiente, hasta que hayas realizado tu deseo.

Este sencillo pero profundo principio me permitió insuflar nueva vida no sólo en mi escritura sino también en mi trabajo cotidiano de vendedor. Durante años detestaba las decenas de llamadas telefónicas que tenía que hacer cada día. Solía aplazarlas, y éstas seguían amontonándose, lo cual me hacía detestarlas aún más. Todo cambió cuando aprendí el secreto de la inercia.

Me comprometí conmigo mismo a hacer al menos una llamada cuando llegara al despacho por las mañanas. No tenía que hacer veinte llamadas, ni diez, ni siquiera cinco. Sólo tenía que hacer una antes que cualquier otra cosa, antes de saludar a mis colegas, antes de beber un vaso de agua, antes de ir al servicio. El gesto de hacer esa primera llamada me transformó, y de cuerpo en reposo pasé a ser un cuerpo en movimiento. Una vez convertido en cuerpo en movimiento, resultaba natural hacer una segunda llamada, y luego una tercera. Antes de que me diera cuenta, las llamadas telefónicas habían dejado de ser una presión para mí.

No sólo solucioné mis problemas con las llamadas telefónicas. Mi día entero se volvió más productivo. A partir del momento en que llegaba al trabajo, me convertía en un cuerpo en movimiento y tendía a permanecer en movimiento. Como puedes imaginar, un cuerpo en movimiento trabaja mucho más que un cuerpo en reposo.

La primera acción

Un viaje de mil kilómetros empieza con un primer paso. Tu plan L.A.M.P., ya sea sencillo o complejo, comienza de la misma manera.

La primera acción que emprendes es la de vencer la inercia, aquella que te transforma de cuerpo en reposo a cuerpo en movimiento. Esa acción te procura el impulso necesario para llevar a cabo la acción siguiente. No tienes que preocuparte de nada más. No necesitas impulso para completar todo tu proyecto. Sólo necesitas lo suficiente para realizar tu próxima acción. Luego, ese impulso te conduce a la próxima acción, y luego a la siguiente, y así sucesivamente, hasta que realices tu deseo.

El secreto de esa primera acción es hacerla tan sencilla, tan poco amenazadora que no puedes darte una razón para resistirla. Por ejemplo, si tu deseo requiere que te conviertas en un concertista de piano, piensa que sólo practicarás unas pocas notas. Si quieres buscar un nuevo empleo, piensa en actualizar la primera línea de tu currículum vitae. Si quieres convertirte en estrella de cine, piensa en mirar una película para ver cómo lo hacen los profesionales. Si quieres ser candidato a presidente de Estados Unidos, escribe las tres primeras cosas que harás cuando llegues al poder.

Jamás podrás terminar lo que nunca has comenzado. Cuantas más facilidades te des para emprender la primera acción, mayores son tus posibilidades de llegar a la última acción, aquella que completa tu plan y convierte tu deseo en realidad.

Muchas primeras acciones

Hay muchas otras «primeras acciones» en tu viaje, tantas como paradas hay a lo largo del camino. Cada vez que te detengas en la consecución de tu deseo, para hacer una llamada telefónica, cenar, ir a tu trabajo de cada día o ir de vacaciones en verano, te encontrarás una vez más bajo el influjo poderoso de la inercia cuando intentes recomenzar. Tu tendencia natural, una vez que te detengas, será permanecer detenido. Tendrás que encontrar una manera de recomenzar una vez más.

Piensa en las cosas más pequeñas y fáciles que puedes hacer para volver a comenzar, y luego hazlas. No tienes que comenzar por el comienzo, puedes comenzar por el punto de menor resistencia. Es como escalar una montaña. No tienes que empezar por abajo, donde la pendiente es más acentuada. Puedes comenzar por el medio, o cerca de la cima. Entonces no será tan difícil comenzar.

Pero cuando hayas comenzado, te convertirás en un cuerpo en movimiento y el impulso se encargará del resto. Entonces descubrirás qué fácil es convertir tus deseos en realidad cuando la ley de la inercia funciona a tu favor y no en tu contra.

7

Los hábitos

Las acciones que menos nos cuesta realizar son las que realizamos de forma habitual. La manera más fácil de concederte un deseo consiste en crear un hábito de las acciones que debes realizar para que tu deseo se cumpla.

Puedes crear hábitos nuevos de la misma manera que has creado los que ya tienes, es decir, mediante la repetición. Todos tus hábitos se han formado repitiendo rutinas, una y otra vez, hasta convertirlas en algo natural. Para crear un hábito nuevo, lo único que tienes que hacer es aplicar el mismo principio.

La práctica

Cuando yo iba al instituto, intenté unas tres o cuatro veces aprender a tocar la guitarra. Abría mi libro de canciones hasta encontrar una de Bob Dylan, y luego trataba de colocar mis dedos sobre las cuerdas tal como mostraba el libro. Luchaba con las cuerdas y me maltrataba las yemas de los dedos durante unos dos o tres días y luego lo dejaba. Un año más tarde, volvía a la carga: las mismas canciones, la misma guitarra, el mismo resultado.

En la universidad, conocí a un estudiante de música que se mostró dispuesto a enseñarme a tocar la guitarra, pero con una condición: tendría que practicar al menos veinte minutos al día durante treinta días seguidos para adquirir el hábito. Si yo no estaba dispuesto a practicar, él no estaba dispuesto a enseñarme. Accedí a sus condiciones y, al cabo de treinta días, ya tocaba la guitarra.

Mi profesor me enseñó una lección importante acerca de la guitarra, pero me enseñó algo aún más importante acerca de la vida. En treinta días puedes convertir casi cualquier cosa en un hábito si lo practicas sólamente unos cuantos minutos todos los días.

Supongamos que quieres salir a caminar todas las mañanas para conservarte en forma, pero tienes problemas para renunciar a tu rutina diaria, es decir, a tu hábito de leer el periódico. Lo que necesitas es un nuevo hábito para reemplazar el antiguo. Durante treinta días, sal a caminar cada mañana en lugar de leer el periódico. Puede que al principio te sientas un poco incómodo porque tu viejo hábito aún está presente. Pero hacia la segunda o tercera semana, comenzarás a constatar que es más natural caminar cada mañana que leer el periódico. Al cabo de un mes de práctica, descubrirás que pasear se ha convertido en tu nuevo hábito.

Si lo intentas y te parece que el nuevo hábito no arraiga, es probable que te hayas saltado un día. Así no funcionará. No puedes saltarte ni un solo día. Si lo haces, tu impulso volverá a cero y tendrás que volver a comenzar. Es como detenerte cuando conduces el coche por una cuesta helada. Si intentas partir después de haberte detenido, no lo conseguirás, y verás que la mejor solución es deslizarse hasta una parte plana y volver a empezar. Durante aquellos primeros treinta días, si te saltas aunque sea sólo un día de práctica, tendrás que volver a poner el reloj en el día 1 y comenzar desde el principio. La próxima vez, practica todos los días. Cuando llegue el día 30, descubrirás que has creado un nuevo hábito.

La práctica interna

Cuando pensamos en la práctica, solemos pensar en lo que yo denomino práctica externa, el tipo de práctica que realizamos con el cuerpo. Pero hay un segundo tipo de práctica, que es igualmente útil cuando se trata de cultivar un hábito nuevo y que resulta mucho más fácil de aplicar. Yo lo denomino práctica interna porque se realiza mentalmente.

Tú mismo has llevado a cabo tu propia práctica interna desde que eras niño. ¿Recuerdas cuando tenías que dar una charla ante toda la clase y lo ensayabas una y otra vez mentalmente? ¿O cuando querías pedirle a alguien que saliera contigo y ensayabas, palabra por palabra, lo que ibas a decir y cómo ibas a decirlo? Si eras atleta, es probable que te imaginaras a ti mismo como campeón. Si actuabas en una obra, te imaginabas interpretando tu papel intachablemente ante una sala abarrotada. Si pertenecías a un grupo musical, te imaginabas tocando todas las notas correctamente.

Todo esto son ejemplos de lo que los psicólogos llaman visualización. Es una palabreja rebuscada para referirse a la práctica que realizas con tu mente en lugar de tu cuerpo. Las últimas investigaciones en visualización demuestran que a nuestra mente le cuesta distinguir entre una actividad que visualizamos y una que llevamos a cabo realmente. Esto sugiere que te puedes beneficiar tanto de practicar mentalmente como físicamente.

Por ejemplo, los investigadores de la Universidad Estatal de Ohio dividieron a un grupo de jugadores de baloncesto en tres equipos. Cada equipo hizo varios lanzamientos desde el punto de penalización, y los investigadores registraron la puntuación. Durante el mes siguiente, el primer equipo practicó estos lanzamientos durante media hora cada día. El segundo equipo hizo ejercicios de visualización de ellos mismos lanzando durante media hora cada día pero sin practicar realmente. El tercer equipo no practicó ni visualizó el ejercicio.

Al cabo de un mes, los investigadores volvieron a probar las habilidades de cada equipo. El tercer equipo, cuyos jugadores no habían practicado ni visualizado la práctica, no registró ningún progreso. El primer equipo, el de los jugadores que habían practicado lanzamientos, mejoró sus resultados en un 28 por ciento. El segundo equipo de jugadores, que habían hecho ejercicios de visualización, pero sin practicar, mejoró en un 27 por ciento, prácticamente lo mismo que el primer equipo, pero sin haber tocado la pelota.

¿Cómo puede tener nuestra mente un efecto tan poderoso sobre nuestro cuerpo? En realidad, no sabemos la respuesta. Sólo sabemos que eso sucede, y tú también lo sabes por tus propias experiencias. ¿Alguna vez te has despertado repentinamente en medio de una pesadilla, bañado en sudor y temblando de miedo? Todo estaba en tu mente, pero ¿cómo le explicas eso a tu cuerpo? Desde luego una pesadilla es algo no intencionado. Imagínate, pues, lo que puedes lograr cuando tu mente se propone aplicarse conscientemente.

Para practicar la visualización, intenta realizar este sencillo ejercicio. Tendrás que ser lo bastante flexible para doblarte y girarte, de modo que te aconsejo hacer un precalentamiento y ejercicios de estiramiento antes de que sigas (si tienes problemas de columna, no hagas este ejercicio y pasa directamente al siguiente). Necesitarás al menos un espacio equivalente a un brazo de diámetro.

1. Ponte de pie y extiende tus brazos hacia los lados como si fueras un avión preparado para despegar. Señala con tus dedos índices. Observa qué señala tu índice derecho. Ahora,

gírate todo lo que puedas a nivel de la cintura, conservando tus brazos extendidos, y mira hacia donde señala tu dedo hasta que ya no puedas girarte más. Recupera la posición inicial, deja caer los brazos, respira profundamente un par de veces y relájate.

2. Cierra los ojos. En tu ojo mental, realiza el ejercicio que acabas de realizar, pero esta vez girándote aún más allá de donde te detuviste antes. Recuerda dónde señalaba tu dedo índice cuando paraste la primera vez. En esta ocasión, imagínate dónde señalará tu dedo cuando pase más allá de ese primer punto.

3. Abre los ojos y haz en la realidad lo que acabas de visualizar mentalmente. Es probable que te gires más lejos la segunda vez porque te has visualizado haciéndolo. Lo practicaste mentalmente, y tu cerebro interpretó tu práctica mental como si fuera una experiencia real. Cuando ejecutaste tu segundo giro, fuiste capaz de realizar con tu cuerpo lo que ya habías ejecutado con tu mente.

He aquí un segundo ejercicio: estira tus brazos hacia el frente, ambos a la misma altura y paralelos al suelo. Cierra los ojos e imagina que alguien acaba de dejar sobre tu mano izquierda un cubo de agua, y que tú debes esforzarte todo lo que puedas para sostener el cubo y mantener tu brazo nivelado. En tu mano derecha, alguien desliza una cuerda. Atado al extremo de la cuerda hay un globo grande lleno de helio. A medida que el globo asciende, tira suavemente de tu brazo derecho, mientras que tu brazo izquierdo sostiene a duras penas el cubo de agua, que parece volverse más pesado a medida que pasan los segundos.

Ahora, abre los ojos. Es probable que tus brazos ya no estén nivelados uno con otro. Cuando tu mente elaboró estas imágenes (el cubo de agua en una mano y el globo en la otra) tu cuerpo no tuvo otra alternativa que responder. Ese es el poder de la visualización.

Los pre-recuerdos

El término visualización es engañoso. La práctica interna consiste en mucho más que ver mentalmente las imágenes adecuadas. También debes experimentar las sensaciones adecuadas, oír los sonidos, gustar los sabores y oler los olores adecuados. Tienes que experimentar tu sesión de práctica mental como si de verdad la vivieras físicamente. Cuanto más realista sea esta práctica mental, con mayor solidez se fijará la «experiencia» en tu cerebro.

En ocasiones, hay experiencias mentales tan poderosas que se viven como recuerdos, y no como algo que acabas de soñar. A este tipo de poderosa imagen mental la denomino pre-recuerdo. Se trata de algo que «recuerdas» antes de que suceda, porque quieres que suceda de la manera que la has «recordado». Visualizas las imágenes, las sensaciones y los sonidos de tu experiencia y, si los hay, los sabores y los olores con la misma claridad que tendrías si ya los hubieses vivido.

Los pre-recuerdos constituyen la práctica interna más poderosa, y rivalizan con los recuerdos que conservas de la experiencia real. A tu mente le cuesta tanto establecer la diferencia entre lo que es real y lo que has imaginado, que puedes utilizar los pre-recuerdos para crear nuevos hábitos de la misma manera que has utilizado la experiencia real para crear tus hábitos actuales. Lo único que esto requiere es repetición.

Si quieres utilizar los pre-recuerdos para formar nuevos hábitos, formúlate las siguientes tres preguntas:

1. ¿Qué vería a través de mis propios ojos si estuviese realmente poniendo en práctica mi nuevo hábito?

2. ¿Qué oiría?

3. ¿Cómo me sentiría?

Supongamos que quieres crear un nuevo hábito de leer por la tarde cuando vuelves a casa del trabajo, para renunciar a tu viejo hábito de dejarte caer sobre el sofá a mirar la televisión. En primer lugar, imagínate tu televisor. Luego piensa en tu mano estirándose para apagarlo. Escucha mentalmente el «clic» del interruptor e imagínate el diálogo que se acaba en mitad de una frase para dejar que se instale el silencio.

Ahora, coge un libro interesante. Imagina los espacios de tu casa cuando te mueves en busca de tu silla o sofá preferido. ¿Qué aspecto tendría la sala a tu alrededor? ¿Cómo te sentirías cuando te instalaras en una posición cómoda en esa silla?

Imagina que ahora abres el libro. ¿Qué aspecto tendrían las páginas? ¿Qué textura? ¿Qué ruido harían cuando hojearas el libro? Para profundizar en tu experiencia, piensa en la siguiente pregunta:

¿Cómo me sentiría si realmente estuviese disfrutando de este nuevo hábito?

La práctica interna es un sustituto eficaz de la práctica externa, si bien la mejor manera de crear un hábito nuevo es emplear ambas. Practica tu nuevo hábito externamente al menos una vez al día. Luego, practícalo internamente al menos una vez al día. Si practicas ambos, adoptarás tu nuevo hábito más rápidamente de lo que jamás imaginaste.

Las afirmaciones

Existe un segundo tipo de práctica interna, tan simple que cuesta creer que realmente funciona. Se trata de algo que has practicado desde la edad en que empezaste a articular tus primeras palabras.

Aunque nos cueste reconocerlo, todos hablamos con nosotros mismos. Y, aún más importante, todos nos escuchamos. Los psicólogos llaman a esto afirmación. Con esto, quieren decir que si te dices algo con la suficiente frecuencia, comienzas a creerlo.

La mayoría de las personas no tenemos problemas para afirmar nuestros defectos. Tiramos sin querer una taza de té y decimos: «¡Qué torpe soy!». Olvidamos llevar nuestro maletín al trabajo y decimos: «¡Sería capaz de olvidarme de mi propia cabeza!». Cometemos un error cobrándole un precio incorrecto a un cliente y decimos: «¡Toda la vida he sido un desastre para los números!».

Sin embargo, también podemos afirmar nuestros puntos fuertes. Incluso podemos afirmar cualidades que aún no poseemos, como una manera de desarrollarlas y convertirlas en hábito.

Por ejemplo, si quisieras convertirte en el tipo de persona que salta de la cama todas las mañanas a las seis, te puedes decir: «Adoro levantarme todas las mañanas a las seis, fresco y revigorizado para todo el día». Si eres vendedor y quieres aprender a disfrutar haciendo prospectos para nuevos negocios, te puedes decir: «Me fascina trabajar en la búsqueda de nuevos clientes». Si quieres desarrollar el hábito de gestionar mejor tu tiempo, te puedes decir: «Me fascina planificar mi trabajo y trabajar en mi plan».

Yo he utilizado las afirmaciones para crear todo tipo de hábitos útiles. Por ejemplo, detestaba enfrentarme a los problemas. Cada vez que me encontraba con un problema, mi costumbre era esquivarlo y esperar que desapareciera. Después de cuarenta años escondiendo la cabeza en la arena, entendí que jamás conseguiría lo que quería de la vida hasta que aprendiera a solucionar los problemas que se me presentaban. No bastaba con sólo enfrentar los problemas. Yo quería aprender a disfrutar solucionándolos, de modo que imaginé el siguiente contrato conmigo mismo:

> Durante treinta días, y al menos diez veces al día, me comprometo a decirme lo siguiente: «Me fascina solucionar problemas». También me comprometo a decirlo con una sincera convicción que no dejará lugar a dudas. Al cabo de treinta días, si todavía detesto solucionar problemas, quedo habilitado para aferrarme a ese hábito el resto de mi vida.

Y entonces me puse manos a la obra. Durante los primeros días sentí una resistencia. Cada vez que repetía mi afirmación, una vocecilla rabiosa se pronunciaba interiormente: «¿A quién quieres engañar con este truco de la afirmación? ¡Si tú siempre has detestado solucionar problemas!». Yo no podía estar en desacuerdo con eso (y no quería mentirme a mí mismo) de modo que fingía ser un actor interpretando el papel de un personaje que disfrutaba solucionando problemas. Antes de que pudiera percatarme, la resistencia desapareció.

Al cabo de una semana, comencé a disfrutar repitiendo mi afirmación. Dos semanas después, empecé a sentir impaciencia por formularla. Me sentía bien, como si estuviese desprendiéndome de un pesado fardo cada vez que la pronunciaba. Solía repetir mi afirmación más de diez veces al día, sólo para divertirme. Incluso empecé a reír cuando la decía, porque me procuraba un gran bienestar. Sabía que si podía aprender a disfrutar solucionando problemas, podía lograr cualquier cosa. No es de extrañar, por lo tanto, que me sintiera emocionado con aquella perspectiva.

Al cabo de treinta días, me di cuenta de que buscaba problemas para solucionarlos. Cada vez que encontraba uno, solía escucharme diciendo: Me fascina solucionar problemas. Y luego, me lanzaba directamente a solucionarlos. Mi afirmación se había vuelto realidad, lo cual me permitió dar un salto cualitativo en mi vida.

El primer paso para crear una afirmación consiste en cerciorarse de que apoya tus valores. Si piensas que es inmoral o indeseable, no funcionará (y tú no querrás que funcione). El siguiente paso consiste en seguir orientaciones similares a las que utilizaste cuando creaste un deseo presentable. Tienes que ser específico. Afirma lo que deseas y no lo que no deseas. Utiliza el presente como tiempo verbal. Procura darle un timbre emocional intenso.

El último punto es el que más importa. El verdadero poder de una afirmación proviene de la intensidad de tu sentimiento, no de cuántas veces lo digas. Lo que buscas es una satisfacción emocional, no simplemente una repetición. Sin embargo, ¿cómo puedes sentir una emoción a propósito de algo en lo que realmente no crees?

No te preocupes acerca de si crees una afirmación, sino que preocúpate de si quieres creer en ella. Si quieres creer en ella, intensamente, y la repites con la misma intensidad, no tardarás en empezar a creer en ella, de la misma manera que has creído tantas cosas absurdas y negativas acerca de ti mismo. Si lo que vas a hacer es llenarte de propaganda de todos modos, ¿por qué no escoger una propaganda que sirva a un objetivo útil? Asegúrate de que tu afirmación contiene palabras relacionadas con lo emocional, como amor y goce, y procura sentir esas palabras cuando las pronuncies. La emoción es el ingrediente mágico que convertirá tu afirmación en realidad.

A medida que pasen los días, descubrirás que es cada vez más fácil adecuar tu comportamiento a tu afirmación. No se trata de forzarte, sino de escucharte a ti mismo. Por ejemplo, si tu afirmación es «Prefiero comer alimentos sanos», eso no significa que tienes que renunciar a la llamada comida basura inmediatamente. Escucha tu afirmación. Siéntela. Luego, cambia progresivamente tu conducta cuando se den las condiciones. No tardarás en descubrir que sustituyes con toda naturalidad un dulce por una manzana y un pollo frito por un plato de pasta. Al cabo de treinta días, comenzarás a pensar de manera diferente acerca de lo que puedes comer, de modo que también será natural comer diferente.

El pensamiento positivo

Algunas personas piensan que las afirmaciones son lo mismo que el pensamiento positivo, y creen que el pensamiento positivo consiste en engañarse para sentir lo que realmente no sienten. Cuando no les funciona, es decir cuando intentan pensar positivamente pero siguen sintiendo malestar, se frustran y dicen que el pensamiento positivo no funciona, que todo es una mentira.

Lo que sucede es que no lo han entendido. El pensamiento positivo no es una cuestión de engañarse a sí mismo, sino de orientar los propios pensamientos hacia lo positivo. Pensemos en los siguientes ejemplos:

¿La copa está medio vacía o medio llena?
¿Acaso la hora más oscura no es justo la que precede al amanecer?
Hoy día es el primer día del resto de tu vida.
¿Tú eres parte del problema o parte de la solución?

Estos son los grandes clichés del pensamiento positivo. Los escépticos, que no se pueden desprender de su propia manera negativa de ver el mundo, lo han convertido en objeto de ridículo. Sin embargo, esto se contradice con el poder que tienen estas ideas para reorientar tus pensamientos. El pensamiento positivo no trata de mentirse a sí mismo, sino de reconocer que existe un aspecto positivo y un aspecto negativo en toda circunstancia, y que nosotros tenemos el poder de interpretar uno u otro. Podemos escoger la nebulosa o la esperanza.

Por otro lado, las afirmaciones constituyen la práctica de una nueva manera de pensar. Así como tuvimos que practicar cuando aprendimos a montar en bicicleta porque aquello era extraño e incómodo al principio, tienes que practicar nuevas maneras de pensar porque al principio es posible que te parezcan extrañas e incómodas. Las afirmaciones te permiten llevar a cabo esta práctica y desarrollar nuevas maneras de pensar.

Programa tu práctica

Programa la fecha y hora de tus sesiones de práctica, de la misma manera que programas otras citas importantes. Después, respeta tu programación. Si tienes problemas para respetar las citas contigo mismo, ese es el primer hábito que tienes que cambiar. Aprende a tratar una cita contigo mismo de la misma manera que tratarías una cita con el presidente de la nación. Aunque no hayas votado por él, seguramente no lo harías esperar.

El Plan de treinta días

Puedes convertir casi cualquier cosa en un hábito si elaboras lo que yo denomino un Plan de treinta días. Lo único que tienes que hacer es decidir cuál es el nuevo hábito que deseas adquirir, y luego comprometerte a practicarlo diariamente durante sólo treinta días. Si en ese plazo no estás satisfecho con los resultados, renuncia. No hay que insistir.

Asegúrate de programar las prácticas de cada día y respeta tu programación. No te saltes ningún día por tratarse de fines de semana, días festivos o por enfermedad, ni porque hayas tenido que viajar fuera de la ciudad. No aceptes ningún tipo de excusa por no respetar tu compromiso, ni siquiera por un día. Si te saltas un día, vuelve a comenzar.

Lo más interesante acerca del Plan de treinta días es que minimiza tu resistencia natural al cambio. No te exiges renunciar a nada. Sólo intentas probar algo nuevo durante un tiempo. Eres capaz de soportar casi cualquier cosa durante unos cuantos días. Al cabo de treinta días, si no te agrada tu nuevo hábito, tienes toda la libertad para volver al antiguo. Sin embargo, es muy probable que para entonces tu nuevo hábito te haría sentir más cómodo que el viejo hábito que has reemplazado.

8

La zona confortable

¿Te has preguntado alguna vez por qué las promesas de Año Nuevo rara vez se cumplen más allá del 1 de enero? ¿Te has preguntado alguna vez por qué es tan difícil romper con los hábitos? ¿Te has preguntado por qué incluso las mejores intenciones de un determinado momento se olvidan en la prisa del siguiente?

En casa, probablemente programas el termostato para que encienda el aire acondicionado si la temperatura es demasiado alta, por ejemplo unos 26 grados, o para que encienda la calefacción si la temperatura baja demasiado, por ejemplo, por debajo de 19 grados. Estas referencias crean lo que en el ramo del aire acondicionado y calefacción se denomina zona confortable. Cada vez que la temperatura aumenta o disminuye más allá de esta zona, el termostato realiza automáticamente los ajustes necesarios para volver a situar la temperatura en dicha zona.

La mente humana funciona de manera muy similar. Todos tenemos nuestras propias «referencias confortables» internas con las que solemos funcionar, como la referencia superior e inferior de un termostato. Mediante estas referencias, regulamos nuestra conducta de la misma manera que un termostato regula la temperatura de una habitación. Cada vez que nuestra vida cae por debajo de nuestras referencias o sube muy por encima, nuestro termostato mental se activa para devolvernos a nuestra zona confortable.

Cuando formulamos una promesa de Año Nuevo o cuando intentamos cambiar una vieja costumbre, nos desplazamos fuera de nuestra zona confortable. Pero no por mucho tiempo. Nuestro termostato mental hará lo que sea necesario para devolvernos a donde pertenecemos. Antes de que nos demos cuenta, hemos olvidado nuestras buenas intenciones y hemos vuelto a la antigua rutina de siempre. No es de extrañar que parezca tan difícil cambiarlo.

Un deseo, al igual que una promesa de Año Nuevo, te desplaza fuera de tu zona confortable. Si quieres que un deseo se convierta en realidad, tendrás que ajustar tu zona confortable para acoger aquel deseo. Si no lo haces, tarde o temprano renunciarás a tu deseo y volverás a tus antiguas rutinas familiares.

El ajuste de tu zona confortable

Para ajustar tu zona confortable, sólo tienes que cambiar las referencias mentales, de manera muy similar a como cambiarías los valores de un termostato para ajustar la zona confortable de una habitación. Cuando hayas cambiado interiormente, el exterior no tardará en realizar los ajustes. Si cambias tu idea de cómo deberías vivir, pronto cambiarás tu manera de vivir. Así funcionamos los seres humanos.

Tu zona confortable está determinada por tus hábitos, concretamente por las películas mentales que te pasas por la fuerza de la rutina. Para modificar tu zona confortable, sólo tienes que cambiar tus películas. Tu mente regulará tus acciones según las nuevas referencias, de la misma manera que regulaba tus acciones en el marco de las antiguas referencias.

Para cambiar tus películas, piensa en tu mente como tu propio cine privado. Tú eres el operador del proyector. Controlas el sonido, el brillo, el color, incluso la velocidad a la que pasas la película. Puedes mostrar las películas que quieras durante el tiempo que quieras. Puedes mostrar las mismas películas una y otra vez, o sólo tus escenas preferidas. Si no te gusta una de las películas que pasas, puedes detenerla en medio de una escena y pasar otra.

Puesto que las películas son hábitos, las puedes cambiar de la misma manera que cambias otros hábitos, es decir, con la práctica. Practica una nueva película durante treinta días sin perder un solo día, y comenzarás a pasarla automáticamente, de la misma manera que sucedía con las antiguas. Sigue practicando hasta que tu nueva película sea tan natural como la anterior.

Por ejemplo, imagínate que decides reemplazar tu antiguo hábito de dormir hasta tarde por el nuevo hábito de levantarte a las seis de la mañana para disponer de tiempo libre y trabajar en tu deseo antes de salir hacia el despacho. El problema es que detestas levantarte tan temprano. El solo hecho de pensar en tu alarma del reloj que se dispara a las seis de la mañana te pone los pelos de punta. No puedes ni siquiera imaginarte levantándote a esa hora.

Eso se debe a que estás pasando la película equivocada. Por lo tanto, cámbiala. Pasa una película en la que esperas ansiosamente levantarte a las seis de la mañana, sintiéndote lleno de energía para todo el día. Súmete en un estado de expectación en lugar de malestar. Siente la emoción de tener el mundo a tus pies, porque te has convertido en el amo de tus propios hábitos de sueño.

Mira tu nueva película como si la estuvieses viendo a través de tus propios ojos en lugar de verla como espectador. Pasa la película una y otra vez, al menos cinco veces al día, y asegúrate de que la pasas cada vez que te pongas a pensar en la hora en que tienes que levantarte a la mañana siguiente.

Se trata de convertir tu nueva película en un pre-recuerdo, de modo que puedas pasarla con la misma facilidad con que pasabas la antigua película. Imagínate levantándote a las seis de la mañana como si ya lo hicieses. Vívelo en tu mente. Piensa en tus ojos que se abren a las seis sin la alarma del reloj. Piensa en la maravillosa sensación de levantarse lleno de energía, preparado para enfrentar el día. Escúchate a ti mismo expresar lo bien que te sientes. Sigue practicando tu nueva película hasta que la sientas como algo tan natural como la anterior. Sigue practicando hasta que se convierta en la película que automáticamente se exhibe todas las mañanas a la hora de levantarse.

Entre tanto, practica una afirmación. Si eres el tipo de persona que disfruta durmiendo hasta tarde, es probable que hace años que dices eso de ti mismo. Por lo tanto, intenta algo diferente. En lugar de decir: Me fascina dormir hasta tarde, piensa: Me fascina levantarme a las seis cada mañana, fresco y lleno de energía para todo el día. Dilo con verdadera emoción, no porque sea verdad, sino porque tú deseas que se convierta en realidad. Repítelo con intensa emoción diez veces al día durante treinta días. A medida que hagas esto, descubrirás que es cada vez más fácil proyectar tu nueva película. Cuanto más fácil sea proyectar la nueva película, más fácil será levantarse temprano.

Cuando hayas convertido esta nueva película en un hábito, habrás modificado con éxito las referencias de tu zona confortable. En ese momento, levantarse a las seis de la mañana será la cosa más natural del mundo, más natural que dormir hasta tarde.

Cuando modificas tu zona confortable, modificas tu vida. Cuando yo iba al instituto, detestaba tener que recorrer una distancia superior a la que había entre la nevera y el televisor. Además, sufría de mi excesivo peso. Un verano decidí ponerme en forma y empecé a correr una milla [1.600 metros] al día en una pista cercana. Todas las tardes, chorreando sudor y friéndome bajo el sol, comenzaba mi primera vuelta alrededor de aquella pista de ceniza hirviendo, preguntándome a cada paso si llegaría al final de la milla. Era horrible. Era una tortura. Era peor que ser gordo. Tenía que luchar conmigo mismo a cada paso, cada día, hasta que acabé renunciando.

Unos años más tarde, me inscribí en el equipo de atletismo. En la misma pista donde yo había renunciado a correr una milla bajo aquel sol implacable, el grupo de atletas corría dos millas cada día, sólo como precalentamiento. Y yo corría con ellos.

En algún momento, sin darme cuenta, había cambiado la película que me estaba pasando mentalmente. Solía imaginarme que correr era una agonía, pero cuando me integré al equipo de atletismo, aprendí a imaginarme que correr era divertido. Al cambiar la película mentalmente, mi cuerpo dio aquel cambio por sentado. Al modificar las referencias de mi zona confortable, convertí lo que había sido una tortura en nada más que un precalentamiento.

Cuando aprendas a modificar tu zona confortable para que se ajuste a tus deseos, descubrirás que convertir esos deseos en realidad es la cosa más natural del mundo.

La incomodidad

Cuando realizamos cualquier tipo de modificación, ya se trate de una costumbre o de modificar tu zona confortable, es necesario recordar que el propio proceso de cambio es incómodo. Cuando realizas un cambio, es posible que al comienzo sientas un leve malestar. No es un síntoma de que algo va mal, sino de todo lo contrario. La incomodidad nos dice que nos hemos situado más allá de lo acostumbrado. Intentas crear algo con lo que aún no te sientes cómodo porque deseas sentirte cómodo con ello. Estás modificando tu antiguo ser en una dirección que, a la larga, producirá una persona nueva y mejor.

Esto se llama desarrollo. Y del desarrollo trata la vida. Alguien dijo en una ocasión que si no estás desarrollándote, estás muriendo. En un sentido estrictamente físico, es verdad. Cuando nuestras células dejan de crecer, nuestro organismo comienza a morir. Pero también es verdad mentalmente. Cuando se trata de nuestras emociones, de nuestras capacidades y talentos, si no los desarrollamos, los perdemos. Si no ampliamos nuestros horizontes, permitimos que estos nos encierren. Si no pedimos más de nuestras vidas y de nosotros mismos, nos conformamos con menos.

Aprende a anticipar la incomodidad del cambio y a acogerla como una prueba de que aún estás vivo, vigoroso y desarrollándote. En el momento en que dejas de cambiar, dejas de desarrollarte. En el momento en que dejas de desarrollarte, dejas de vivir.

Cultiva el cambio. Acepta la incomodidad. Insiste en tu desarrollo. Cuando eso suceda, tu zona confortable se ampliará para que tus deseos se conviertan en realidad.

9

El tiempo

Ya tienes tu deseo, tienes tu plan y has emprendido la acción necesaria para hacer realidad tu deseo. Lo único que tienes que hacer ahora es darle tiempo.

Hay dos tipos de tiempo. El primer tipo se mide por el número de horas que estás dispuesto a dedicar a una tarea durante un solo día. Yo lo denomino tiempo vertical. El segundo tipo se mide por el número de días que estás dispuesto a dedicar a una tarea para terminarla, y que denomino tiempo horizontal. El tiempo vertical máximo del que disponemos son las veinticuatro horas de un día. El máximo tiempo horizontal a nuestra disposición es toda una vida. En tu opinión, ¿cuál es el tipo de tiempo más poderoso?

No todas las horas fueron creadas iguales. Si una fisura apareciera en un dique detrás de tu casa y se tardara veinticuatro horas en repararla, ¿trabajarías en ello una hora al día durante veinticuatro días? Seguro que no. Trabajarías sin descanso hasta que repararas la fisura porque no querrías que el dique reventara y las aguas arrasaran tu casa. ¿Y qué pasaría si quisieras cuidar de un jardín en esa misma casa? ¿Trabajarías veinticuatro horas al día? Desde luego que no. Trabajarías en ello una hora al día durante veinticuatro días, y tanto tú como tu jardín estarían agradecidos.

Algunas tareas requieren un tiempo vertical. Otras requieren un tiempo horizontal. Escoger el tipo correcto de tiempo para la tarea equivale a la mitad de la empresa. La mayoría de las personas enfocan sus deseos como si estuvieran reparando un dique que está a punto de reventar. Sin embargo, la mayoría de los deseos se parecen más a cuidar de un jardín que a reparar un dique. La mayoría de las cosas que quieres conseguir en la vida las puedes conseguir mejor, y disfrutando más, si las haces a lo largo del tiempo, en lugar de intentar hacerlas de una sola sentada.

Desafortunadamente, el ritmo frenético de la vida apunta en la dirección opuesta. La prisa se ha convertido en un fin en sí mismo. Preferimos trabajar febrilmente en un proyecto durante unos pocos días antes que trabajar regularmente durante unas pocas semanas. Preferiríamos enriquecernos rápidamente más bien que lentamente. Y es ahí donde nos equivocamos.

Es mucho más difícil enriquecerse rápidamente que enriquecerse lentamente. Es mucho más difícil realizar algo de valor en unos pocos días que realizar lo mismo en unos pocos meses. Cuando intentas abarcar demasiadas cosas en un solo día, o en unos pocos días, el tiempo juega en tu contra. Pero cuando despliegas tus esfuerzos a lo largo del tiempo, el tiempo está a tu favor.

Dedica aunque sea unos pocos minutos al día a un proyecto. Si cuentas con los días suficientes, puedes conseguir casi cualquier cosa. Si trabajas en tu deseo a lo largo del tiempo, tu deseo se hará realidad.

Si cuentas con suficiente tiempo horizontal, puedes aprender a tocar un instrumento musical, hablar un idioma extranjero, leer las obras completas de Shakespeare, construirte una piscina, estudiar una carrera universitaria, ampliar tu casa, aprender un oficio, escribir un libro, conseguir un nuevo empleo, fundar una empresa o hacer todo lo anterior. Podrás tardar un año, o puede que tal vez veinte. ¿Qué importa?

No te obsesiones con cuánto tardarás. Aquello no es sino una manera más de hacer que tus sueños fracasen. Piensa en la mujer de mediana edad que quería estudiar derecho, pero temía ser demasiado vieja. «Tardaré tres años en acabar», le explicaba a una amiga, «y entonces ya tendré cincuenta y siete». Su amiga preguntó: «¿Qué edad tendrás dentro de tres años si no estudias derecho?».

¿A quién le importa la edad que tengas? ¿A quién le importa cuánto tardará tu plan L.A.M.P. en realizarse? Puedes estar seguro de una cosa en la vida: el tiempo pasará de todos modos. ¿Por qué no darle una buena utilidad?

El don de la percepción retrospectiva

Como ya he dicho, en mi último año en la universidad decidí que sería escritor. Sin embargo, después de licenciarme, pasaron varios años (doce años, para ser más precisos) y no me encontraba más cerca de convertirme en escritor que el día en que acabé la universidad. Hasta que una mañana, mientras estaba sentado trabajando concentradamente, tuve una de esas revelaciones únicas, salidas de la nada, como si te cayera un ladrillo encima:

> Si hubieras decidido escribir un párrafo al día hace doce años, ya habrías escrito media docena de libros.

Aquello realmente me impactó. Fue un instante traumático en que supe cuánto tiempo había desperdiciado y, a la vez, entendí con qué facilidad podría haber impedido aquel despilfarro. Escribir un párrafo al día me habría exigido quince o veinte minutos, más o menos lo mismo que dedicaba a afeitarme y ducharme todas las mañanas. Si hubiera dedicado esos minutos todos los días a escribir, tendría un maletín lleno de libros con mi nombre impreso en ellos. Pero esos libros no existían, porque no me había dado el tiempo necesario para escribirlos.

Para alguien cuyo sueño era ser escritor, era una situación muy dolorosa. Me sentía como si estuviese a orillas de un río mirando cómo pasaban flotando ante mis ojos doce años de mi vida. Sólo porque no había encontrado el tiempo para escribir un solo párrafo al día. ¿Cómo era posible cometer tal estupidez?

Antes de que pudiera responder, me asaltó un nuevo pensamiento, brillante como un rayo de sol que se cuela a través de una nube negra y tormentosa:

No has entendido. Esta es la diana del despertar, no el día del Juicio Final.

Y finalmente lo entendí. Finalmente entendí lo que el mundo intentaba enseñarme. No se trata de llorar por un pasado de despilfarro, sino de asegurarse de no despilfarrar el futuro. La frase me revelaba mi fracaso para que aprendiera de él. Lo único que tenía que hacer era escribir un párrafo al día a partir de ese momento, y mi sueño de convertirme en escritor se haría realidad.

¡Aleluya! Me sentía como si hubiesen depositado en mí uno de los secretos del universo. Estaba fascinado, emocionado, y no cabía de alegría.

También estaba aterrado.

¿Qué pasaría si no lograba cambiar? ¿O si no lograba reunir el esfuerzo mínimo necesario para escribir un párrafo al día? No había sido capaz de hacerlo antes. ¿Qué me hacía pensar que podía hacerlo ahora?

De pronto, mis pensamientos dieron un salto de doce años

hacia el futuro. Entonces me vi, un hombre de manos retorcidas, frustrado porque aún no había escrito nada. Era un miserable, un pobre fracasado, acosado y atormentado por el arrepentimiento. Sabía que seguiría siendo un fracaso hasta el día de mi muerte. Sabía que viviría como un infeliz, sin recompensas, sin alegrías, sin...

Y ese fue el momento clave. No podía seguir soportándolo. Me sentía un hombre diferente. Estaba destinado y decidido a no dejar que ese futuro se materializara. Al igual que Scrooge en la mañana de Navidad, había visto al Fantasma del Futuro, y la visión, verdaderamente, me había aterrado.

Se me había dado una segunda oportunidad y estaba dispuesto a aprovecharla al máximo. En los próximos doce años aparecería un individuo muy diferente del de los doce años ya transcurridos.

Todos podemos ser sabios retrospectivamente. El secreto para conseguir que tus deseos se cumplan es convertir la percepción retrospectiva en prospectiva, en utilizar el pasado para potenciar el futuro. Comienza ahora lo que te arrepientes de no haber empezado ayer, y evitarás ese arrepentimiento mañana.

La ley de Ellis

Cuando comencé a escribir cada día, los resultados me sorprendieron. Incluso cuando no conseguía escribir más que un par de frases, con el tiempo mis frases formaron párrafos, los párrafos formaron capítulos, y los capítulos libros, como por arte de magia.

Pero no era magia. Era un sencillo principio que subyace a todos los logros humanos:

Incluso los esfuerzos normales y corrientes arrojan resultados extraordinarios.

A esto le llamo la ley de Ellis, no porque yo la haya descubierto, sino porque ella me descubrió a mí. Es el alma de mi método para hacer de mis deseos una realidad. Es la magia de mi lámpara mágica.

He aquí la idea más importante de *La lámpara mágica,* el consejo más útil que puedo darte para que tus deseos se hagan realidad. Es tan importante que me permito repetirla:

Incluso los esfuerzos normales y corrientes arrojan resultados extraordinarios.

Si sigues este singular consejo, y aunque ignores todo lo demás que leas en estas páginas, multiplicarás por cien tus posibilidades de éxito, porque ganarás para tu causa la fuerza más irresistible del universo: el tiempo.

Estamos rodeados de testimonios sobre el poder del tiempo. Las suaves colinas en el horizonte fueron en el pasado enormes montañas; las enormes montañas fueron plataformas oceánicas. Aquel arbolillo que plantamos hace años ha crecido demasiado lentamente para que lo vea el ojo humano, y, sin embargo, ahora procura sombra a toda la casa. Un albañil coloca un solo ladrillo cada vez, y antes de que nos demos cuenta ha construido un rascacielos. Una pequeña gota del grifo no tarda en llenar una bañera y, con el tiempo, llenará un océano. Compramos un CD de nuestra música preferida, y luego otro y otro, hasta que, con los años, nuestra colección de música vale más que nuestro coche. Comemos una galleta después de cenar un par de veces a la semana, y la próxima vez que nos pesamos descubrimos que hemos subido diez kilos. Cualquier cosa que hagamos a lo largo del tiempo estará magnificada por el tiempo que ha transcurrido. Cobramos intereses añadidos en todo lo que hacemos, si lo hacemos durante un periodo suficientemente prolongado.

Cuando me refiero al «esfuerzo normal y corriente», no quiero decir que tus esfuerzos deberían ser normales y corrientes. Un esfuerzo extraordinario a lo largo del tiempo arroja resultados aún superiores. Pero la mayoría sabemos esta verdad. Hemos oído las historias de personas con éxito que han trabajado con extraordinaria tenacidad y producido resultados espectaculares. Lo que la mayoría no tenemos en cuenta es la idea de que cualquier esfuerzo puede producir resultados (resultados asombrosos) si le dedicamos suficiente tiempo.

No tenemos que trabajar dieciséis horas al día para escribir un libro. Podemos trabajar veinte minutos al día durante los próximos años. No tenemos que ganar un millón de dólares el próximo año para ser millonarios. Podemos ahorrar unos pocos dólares a la semana durante veinte años y conseguir los mismos resultados. No tenemos por qué perder veinte kilos durante el próximo mes para tener buen aspecto. Podemos perder medio kilo por semana durante las próximas cincuenta semanas y estaremos igual de delgados. No tienes por qué conseguir tu certificado académico (ni construir aquella sala de juegos, ni aprender una nueva lengua, ni ganarte aquel ascenso) inmediatamente. Puedes trabajar en ello un par de horas al día durante el tiempo que sea necesario.

Encontrar el tiempo para tener éxito

El éxito requiere tiempo, aunque sea sólo unos minutos cada día. Puede que pienses que no dispones del tiempo suficiente, y te sientes vapuleado, incluso aniquilado por el ritmo de la vida moderna. Puede que te preguntes: ¿Cuándo encontraré el tiempo para darle cabida a mi deseo en un horario como el mío?

Esa no es la pregunta. En lugar de empezar con tu horario e intentar darle cabida a tu deseo, empieza con tu deseo y luego intenta coordinar el resto de las cosas de tu horario. Si tienes la intención de descartar algo, descarta las cosas que se encuentran al final de tu lista de prioridades, no al principio. Céntrate en este cambio en cómo organizas tu día, trabaja en lo que es más importante para ti antes de ocuparte de cualquier otra cosa, y descubrirás que tu horario asume el perfil de una vida, en lugar de que tu vida asuma el perfil de un horario.

Eso aún nos deja con la siguiente pregunta: ¿Dónde encontrarás el tiempo para abarcarlo todo? La mayoría no tenemos que buscar demasiado lejos. Un reciente estudio realizado por Nielsen Media Research descubrió que el 98 por ciento de los hogares en Estados Unidos tienen televisores. El hombre medio mira la televisión un promedio de 3 horas y 44 minutos al día. En el caso de la mujer, el promedio es de 4 horas y 25 minutos. El adolescente medio mira la televisión un total de 2 horas y 43 minutos al día. Si miras la televisión tanto como las estadísticas indican, o incluso si sólo miras la mitad, dispondrás de todo el tiempo necesario para que tu deseo se haga realidad con sólo dedicar una parte de ese tiempo a tu deseo. Ya se trate de una hora, o de media hora al día, o incluso de quince minutos al día, cada minuto importa. Cada momento que dediques a tu deseo en lugar de mirar la televisión te acercará un minuto más a la materialización de tu deseo.

¿Acaso estoy sugiriendo que renuncies a la televisión para hacer de tu deseo una realidad? Desde luego que no. En cualquier caso, es probable que no mires tanta televisión como el ciudadano medio porque, si no, no habrías encontrado tiempo para leer este libro. Mira toda la televisión que quieras. Pero has de tener esto siempre presente: de todo el tiempo que dedicas a mirar la televisión, no hay un solo momento que te acerque a la consecución de tu deseo. Si quieres obtener más de la vida de lo que tienes actualmente, tienes que transformar el tiempo que no te procura lo que quieres en tiempo que te procure lo que quieras.

No se trata de renunciar a la televisión o de renunciar a cualquier otra cosa que te agrade hacer. Se trata sólo de hacer lo que es más importante. Por ejemplo, imagínate que estás a punto de sentarte una noche frente a la televisión para ver tu programa favorito cuando una vocecilla interior pregunta: ¿Qué es más importante para ti: conseguir que tu deseo se haga realidad o mirar este programa? ¿Cuál escogerás? Escoge tu deseo y habrás comenzado a hacerlo realidad. Escoge tu programa de televisión y habrás comenzado a mirarlo. Tu deseo tendrá que esperar hasta que se convierta en algo más importante que tu programa. Es así de simple.

El tiempo de la televisión no es el único tiempo que puedes destinar a tu deseo. ¿Lees el periódico todas las mañanas? Es estupendo estar informado, pero ¿acaso es más importante para ti que hacer realidad tu deseo? ¿Te gusta leer ficción barata para escapar del clima de la feroz competencia cotidiana? Si dedicas una parte de tu tiempo de lectura a hacer realidad tus deseos, puede que no tengas tanta necesidad de escapar.

¿Cuánto tiempo dedicas cada mañana a prepararte para ir al trabajo? Intenta recortar diez minutos. Invierte esos diez minutos en la consecución de tu deseo. Te asombrará ver cuánto puedes lograr con sólo diez minutos al día si lo haces todos los días.

¿Cuánto tiempo dedicas cada día a tus trabajos en casa? Recorta unos cuantos minutos de cada tarea y utilízalos para trabajar en tu deseo. De todas maneras, acabarás tus tareas del hogar y, aunque no lo creas, también conseguirás tu deseo.

El diezmo del tiempo

Hay dos maneras de encontrar suficiente tiempo para trabajar en tu deseo. La manera más sencilla y directa es programar el tiempo y ceñirse al programa. Yo programo mi tiempo para trabajar en mi deseo cada mañana, antes que cualquier cosa, porque mi deseo es lo más importante para mí cada día. Puede que decidas trabajar en tu deseo al final del día, o a media jornada. No importa cuándo lo hagas. Sólo importa que lo hagas, y que cumplas con ello todos los días.

La segunda manera de destinar tiempo cada día a tu deseo es diezmar tu tiempo. Sencillamente recorta el diez por ciento del tiempo que dedicas a cada una de tus actividades cotidianas. Después, invierte ese tiempo suplementario en convertir tu deseo en realidad.

Puede que pienses que es imposible recortar tiempo de cualquiera de tus actividades diarias. Y, no obstante, es posible. El principio más curioso en la gestión del tiempo es que cuanto menos tiempo tengamos para hacer algo, más probabilidades existen de que lo acabemos. Por eso funcionan los plazos. Por eso hay cada vez más personas que entregan sus declaraciones de impuesto una semana antes del plazo final, y no un mes antes. Por eso las tiendas están tan llenas de gente haciendo compras de última hora en vísperas de Navidad, porque es el último momento en que pueden comprar.

El segundo principio más curioso en la gestión del tiempo es que cuanto menos tiempo tengamos, más tendemos a acabar las tareas. Nos obligamos a establecer prioridades. Nos obligamos a concentrarnos en las cosas que son más importantes para nosotros e ignoramos lo demás. Por esto, a menudo logramos trabajar más el día antes de salir de vacaciones que toda la semana anterior. Cuanto menos dispongas de un recurso precioso, más tenderás a sacarle provecho.

Comienza el diezmo de tu tiempo con tu rutina cotidiana. Por ejemplo, no tienes que renunciar al periódico de la mañana. Bastará con recortar el diez por ciento del tiempo que dedicas a leerlo. Recorta el diez por ciento del tiempo que dedicas a ducharte, a vestirte, ir al trabajo y mirar la televisión cuando vuelves a casa. Recorta el diez por ciento del tiempo que dedicas a dormir. Cualquiera que sea la actividad que realizas día a día, recorta el diez por ciento. Esto te liberará unas dos horas y media al día para dedicar a tu deseo, tiempo más que suficiente para hacer de cualquier deseo una realidad.

El trabajo

¿Cómo puedes recortar el diez por ciento del tiempo que dedicas al trabajo? Si normalmente trabajas más de ocho horas al día, es probable que puedas recortar hasta las ocho horas sin que aquello te cree problemas con tu jefe. Esto será más fácil cuando ambos entendáis que la calidad de tu trabajo tenderá a mejorar sin tantas horas extraordinarias porque te obligarás a establecer prioridades y porque centrarás tus esfuerzos. También te sentirás más despejado y lleno de energía en el trabajo porque dedicarás menos tiempo a trabajar y más tiempo a recargarte para las tareas del día siguiente.

¿Y qué sucede si ya estás trabajando sólo ocho horas al día y tu jefe se niega a que recortes el diez por ciento? Sólo tienes que pensar en un deseo para el trabajo, algo que quisieras con muchas ganas que sucediera en el trabajo. Trata este deseo como cualquier otro deseo. Aplícale el Proceso L.A.M.P. Trabaja en ello cada día. Si le quieres dedicar más tiempo, recorta el diez por ciento del tiempo que dedicas a cada una de las otras tareas que realizas durante una jornada de trabajo. El diez por ciento de un día de ocho horas equivale a cuarenta y ocho minutos. Eso es casi una hora al día que puedes utilizar para que se cumpla tu deseo en el trabajo.

El sueño

Suponiendo que duermes un promedio de ocho horas al día, si disminuyes en un diez por ciento, dispondrás de casi una hora al día para trabajar en tu deseo. Sin embargo, ¿es aconsejable recortar el tiempo de sueño?

No te puedo dar un consejo médico (consulta con tu médico antes de cambiar tus hábitos de sueño), pero sí te puedo contar lo que me sucedió a mí cuando cambié mis hábitos de sueño.

Hace un tiempo leí un curioso librito acerca de cómo dormir menos y disfrutarlo más.(Véase la sección «Recursos» al final de este libro.) Este pequeño libro aclaró dos cosas que realmente me llamaron la atención. En primer lugar, sostenía que la cantidad de sueño que necesitamos parece ser más una cuestión de hábito que de necesidad física. El cuerpo humano no requiere ocho horas de sueño cada noche. Hay muchas personas (incluso, culturas enteras) que sólo duermen seis o siete horas cada noche. La segunda verdad que este libro aclaró es que alguien que duerme ocho horas cada noche probablemente está durmiendo más de lo que necesita. Demasiado sueño puede dejarte tan aturdido como la falta de sueño.

Me intrigaba la idea de que las ocho horas de sueño que yo creía necesitar cada noche podrían ser más un hábito que una necesidad. También me intrigaba la posibilidad de que fuera capaz de reducir mi sueño en una hora cada noche y, por lo tanto, contar con una hora más cada día para dedicar a mi deseo. Con estos elementos en juego, decidí utilizar mis herramientas para cambiar los hábitos (la visualización, la afirmación, el pre-recuerdo y la repetición), para crear el nuevo hábito de dormir sólo siete horas por noche en lugar de las ocho acostumbradas.

Durante los primeros días me sentí algo aturdido, pero no tardé mucho en descubrir que siete horas de sueño me bastaban. Tenía más energía durante el día que nunca antes y dormía mejor por la noche. Además, me he procurado una hora adicional cada día para trabajar en mi deseo. Aquello equivalía a nueve semanas laborales adicionales cada año.

Intenta llevar a cabo el diezmo del tiempo durante un mes y observa qué sucede. Recorta sólo el diez por ciento del tiempo que dedicas a cada una de tus actividades cotidianas, y utiliza ese diez por ciento para hacer de tu deseo una realidad. Invertirás tu activo más preciado, es decir, el tiempo, en tu objetivo más importante, es decir, tu deseo. Por muy elemental que esto parezca, es lo más importante que puedes hacer para que tu deseo se convierta en realidad.

Darse tiempo a sí mismo

Si tu deseo tarda en realizarse, dale el tiempo necesario. Dale el doble del tiempo necesario. Asegúrate de que tu plan L.A.M.P. te permita tener suficiente tiempo para que el plan funcione. A menudo, cuando las personas no llevan a cabo un deseo en el tiempo fijado, renuncian y creen que han fracasado. Pero no han fracasado. Sencillamente no se han dado el tiempo suficiente para acabar la tarea. Para que un deseo se haga realidad, a veces tienes que respetar el programa del deseo en lugar del tuyo propio. Tienes que darle todo el tiempo que requiere, y no vale recortar ni un segundo.

La manera más segura de agotar tu tiempo es agotar tu dinero. En una ocasión, puse en marcha una empresa seguro de que me haría rico. Jamás trabajé tanto en mi vida, hasta dieciséis horas al día, siete días a la semana. Aquello no me procuraba ingresos, de modo que utilicé mis ahorros para pagar las facturas. Cuando agoté mis ahorros, comencé a pedir prestado de las tarjetas de crédito. Cuanto agoté mis tarjetas de crédito, comencé a pedirle prestado a mi familia. Al cabo de un tiempo, tenía deudas abrumadoras y no me había acercado ni un palmo al éxito. Cuando ya no pude pedir prestado más dinero, cerré mi empresa y empecé a trabajar para terceros.

La empresa no era una mala idea, pero el plan sí lo era. No contemplaba el dinero suficiente para llevar a cabo el proyecto. Debería haber conservado mi empleo y desarrollado mi empresa durante el tiempo libre. Entonces habría contado con los ingresos necesarios para mantener las puertas abiertas hasta que mi empresa despegara. Un empleo me habría procurado el tiempo horizontal necesario para que la empresa saliera adelante.

Años más tarde, me encontré en una situación similar. Quería ser escritor. Pero no estaba dispuesto a renunciar a mi empleo para escribir. Ya había aprendido la lección. Sabía que necesitaría meses para acabar el primer libro que tenía pensado. Luego tardaría meses en venderlo a un editor, si es que lograba venderlo. Y luego pasaría un año antes de que el libro llegara a las librerías y varios años más antes de que llegara a escribir y vender suficientes libros para empezar a pagar mis facturas. Lo único que podía darme el tiempo horizontal necesario para tener éxito como escritor era escribir una parte de la jornada y conservar mi empleo durante todo el tiempo que tardara en conseguir el éxito.

Y eso fue lo que hice. Tardé más años de lo que había imaginado. Pero funcionó, porque esta vez no agoté mi deseo por la vía del hambre. Jamás me faltó el dinero, de modo que nunca me faltó el tiempo. Dispuse de todo el tiempo necesario para hacer de mi deseo una realidad, de modo que eso fue lo que sucedió.

Si algún día te ves tentado a renunciar a tu empleo para que tu deseo se cumpla, hazlo, pero sólo si tienes suficiente dinero en el banco para dedicarle el doble de tiempo que has calculado. Si no tienes esa cantidad de dinero, hazte a ti mismo y a tu deseo un favor y conserva tu empleo. Si no tienes un empleo, consigue uno con el que pagar las facturas. No pienses en ello como si renunciaras a tu deseo. Piensa en ello como una financiación de tu deseo para que no tengas que renunciar a él. Tu empleo te puede procurar todos los recursos que necesitas para trabajar en tu deseo durante el tiempo necesario para convertirlo en realidad.

Puede que desear en el tiempo libre no sea la solución ideal. Puede que no te conduzca adonde quieres ir con la rapidez que quisieras, pero te llevará ahí más rápidamente que si careces de dinero. Y verdaderamente funciona. Cuando joven, Albert Einstein trabajó como funcionario de patentes y, en su tiempo libre, elaboró la teoría de la relatividad. Cualquier cosa es posible si le dedicas el tiempo necesario.

No te impacientes

Una vez que te hayas dado el tiempo suficiente para hacer realidad tu deseo, no te impacientes. No te precipites. Relájate y ponte a trabajar con la confianza de que tienes todo el tiempo necesario para hacer de tu deseo una realidad.

Yo me siento muy presionado y menos productivo cuando me tengo que dar prisas para trabajar en algo. Pero cuando me doy el tiempo necesario, me relajo y la calidad de mi trabajo mejora. Me siento más creativo y con más energía, y avanzo más rápido.

Más aún, disfruto de lo que hago. Disfruto de casi cualquier tarea siempre que no tenga que correr para acabarla y empezar la próxima. Incluso las tareas como lavar platos y cortar el césped pierden su carácter monótono cuando me permito tomármelas con paciencia.

Al tomarlo con paciencia, me permito disfrutar de lo que hago. Esto funciona incluso cuando me encuentro ante un plazo límite. Cada vez que me encuentro más preocupado del plazo que de la tarea misma, cambio el plazo para darme un momento de respiro. Cuando me siento libre para disponer de mi tiempo, estoy libre para disfrutarlo, y es mucho más probable que mejore la calidad de mi trabajo.

Toma las cosas con paciencia y descubrirás que comienzas a disfrutar de lo que haces. Disfruta de lo que haces, y antes de que te percates habrás terminado todo lo necesario para hacer de tu deseo una realidad.

10

La gestión del tiempo

Hemos analizado los dos tipos de tiempo, vertical y horizontal. Hemos visto cómo podemos encontrar tiempo adicional hasta en el horario más apretado. Ahora tenemos que concentrarnos en cómo gestionar el tiempo con la eficacia necesaria para que nuestros deseos se cumplan.

Si lo pensamos detenidamente, la gestión del tiempo no es demasiado complicada. De hecho, toda la gestión del tiempo se puede reducir a un único principio, asombrosamente sencillo:

Lo más importante es lo primero.

Este principio, a su vez, consta de dos pasos:

1. Definir cuál es la cosa más importante que deberías estar haciendo ahora.
2. Pasar a la acción.

Todo lo demás es accesorio. Los principios y las prácticas que se presentan como gestión del tiempo hoy en día pertenecen a dos categorías: las que te ayudan a ejecutar estos dos pasos, y las que sólo son una pérdida de tiempo.

La gestión del tiempo comienza cuando te formulas la siguiente pregunta: ¿Qué es lo más importante que debería estar haciendo en este momento? Cuando respondas a esta pregunta, todo lo demás encajará en su lugar.

Cuando te formulas esta pregunta, a veces surge rápidamente una respuesta. Pero a menudo, tal vez con más frecuencia de lo deseable, cuesta encontrar respuestas. Cuando esto sucede, lo más importante que puedes hacer es definir qué es lo más importante a que debes aplicarte.

Si esto suena a consejo vacío, vuelve a pensar en ello. ¿Cuántas veces te has perdido en los detalles de tu trabajo sin jamás detenerte a preguntarte si todo ese trabajo merece la pena? Para muchos, es una lucha constante. Nos agrada estar ocupados. Puesto que no sabemos qué deberíamos estar haciendo, a menudo nos perdemos en cualquier cosa.

El proceso de decidir qué es lo más importante para ti está estrechamente definido por quién eres y qué deseas de la vida. Si no manejas esta información, deberías comenzar por ahí. Ya cuentas con la herramienta perfecta para ayudarte en tu investigación: la lluvia de ideas. De modo que pon esa herramienta a funcionar.

Realiza una lluvia de ideas con las cinco preguntas siguientes, una a la vez. Utiliza una hoja de papel para cada una de modo que, en cada ocasión, comiences desde el principio. (Antes de comenzar, te aconsejo volver sobre los cinco pasos del proceso de lluvia de ideas, en el capítulo 1.)

1. ¿Qué tipo de persona soy?
2. ¿Qué tipo de persona quiero ser?
3. ¿Qué valores son importantes para mí? (Cuando tengas una lista de tus valores, asegúrate de realizar una selección para establecer prioridades.)
4. ¿Qué quiero lograr durante mi vida?
5. ¿Qué deseo de la vida?

Cuando hayas realizado una lluvia de ideas con cada una de estas preguntas, tendrás la información básica que necesitas para decidir qué deberías estar haciendo. Entenderás cómo cada tarea prospectiva encaja en el cuadro más grande de quién eres y qué deseas. En breve, sabrás por dónde empezar.

¿Importante o urgente?

En parte, saber por dónde empezar es entender la diferencia entre las cosas importantes y las cosas urgentes. Una tarea importante es aquella que hace progresar tu vida en la dirección que tú deseas darle. Una tarea urgente es aquella que debe realizarse en el acto, independientemente de que haga progresar o no tu vida en la dirección que deseas. La principal diferencia aquí es que una tarea importante no es necesariamente urgente, y que una tarea urgente no es necesariamente importante. A menudo, cuanto más urgente es una tarea, menos importante tiende a ser, y cuanto más importante es una tarea, menor será su urgencia. En otras palabras, el solo hecho de que una tarea tenga un plazo no significa que debería realizarse inmediatamente o, puestos a ello, realizarse del todo. Y sólo porque una tarea carece de plazo no significa que deberías automáticamente ignorarla en favor de una tarea que sí tiene plazo.

Para ilustrar este punto en tu caso, elabora una lista de las tareas que tienes que realizar mañana. A continuación, asigna cada tarea a una de estas cuatro categorías:

Categoría 1: Urgente e importante.
Categoría 2: Importante, pero no urgente.
Categoría 3: Urgente, pero no importante.
Categoría 4: Ni importante ni urgente.

Si una tarea pertenece a la categoría 1, señálala con un «1». Si pertenece a la categoría 2, señálala con un «2», y así sucesivamente hasta que hayas designado todas las entradas de tu lista. Cuando hayas terminado la designación de tus tareas, fíjate cuántas pertenecen a la categoría 3 (Urgente).

Para muchas personas, la urgencia es una enfermedad. Cuando a una tarea se le asigna un plazo, ocupa nuestra atención de forma desproporcionada en relación a sus méritos. Cuando alguien nos pide que hagamos algo «lo más pronto posible», tenemos tendencia a situar esa tarea al comienzo de nuestra lista, merezca estar ahí o no. Si la persona que formula la demanda es nuestro jefe, aquello podría justificar que se convierta una tarea meramente urgente en una tarea importante. Pero si la persona que formula la demanda no es nuestro jefe, entonces existe la posibilidad de que la tarea que nos han encomendado como urgente no sea tan importante para nosotros como para la persona que nos la encomienda. De modo que, cuando trabajamos en ese problema como prioritario, permitimos que otra persona ordene nuestro programa, un programa que contradice el nuestro propio. Dejamos que otra persona determine cómo gestionamos ese recurso precioso e irreemplazable llamado tiempo. Aquella no es precisamente la manera de conseguir que nuestros deseos se cumplan.

Los deseos, así como las tareas que los constituyen, pertenecen normalmente a la categoría 2. Son importantes. Nos conducen adonde queremos ir. Nos dan lo que queremos de la vida. Sin embargo, normalmente no son urgentes. No tienen que ser ejecutados al instante. Así, con demasiada frecuencia, estas tareas importantes son desplazadas a favor de tareas más urgentes pero menos importantes. El ajetreo constante de la vida no nos deja ver las cosas por las que vivimos. He aquí un clásico ejemplo de mala gestión del tiempo y una de las principales causas del fracaso. ¿Cómo podemos evitar esto?

Si quieres que tu deseo se cumpla, dedica tu tiempo a la categoría 2. Trabaja en las tareas importantes, las que te llevarán adonde quieres ir. Deja que las tareas meramente urgentes se solucionen solas. La mayoría de ellas simplemente desaparecerán. Y aquellas que no desaparezcan tendrán que adecuarse en función de las tareas más importantes, y no a la inversa.

Las piedras grandes

Imagínate que asistes a uno de mis seminarios junto a varios cientos de personas. Yo estoy frente al público detrás de una mesa en la que se encuentra una gran jarra de vidrio. Comienzo a llenar la jarra con piedras. Cuando he puesto todas las piedras que caben en la jarra, me vuelvo al grupo y pregunto: «¿Está llena la jarra?». Un coro de voces responde: «¡Sí!».

Sin embargo, es evidente que la jarra no está llena. Comienzo a verter tazas y tazas de grava. La grava encuentra su camino entre los espacios vacíos entre las grandes piedras. Cuando la jarra ya no puede contener más grava, le preguntó al grupo: «¿Está llena la jarra?». Esta vez sólo unos pocos responden: «¡Sí!».

Es evidente que la jarra aún no está llena. Sigo, y vacío tazas y tazas de arena, que se filtra en todos los recovecos que permiten las rocas y la grava. Cuando en el jarro ya no cabe más arena, le preguntó al grupo: «¿Está llena la jarra?». En esta ocasión, nadie sabe qué decir. Se miran unos a otros esperando que uno de ellos dé con la respuesta correcta. Finalmente un par de personas responden tímidamente: «No».

Y tienen razón, porque la jarra no está llena. Comienzo a llenarla con tazas y tazas de agua. El agua se filtra en el espacio entre los granos de arena hasta que termina desbordándose. Me vuelvo una vez más al grupo y pregunto: «¿Está llena la jarra?». Ellos se me quedan mirando, esperando el próximo paso.

Entonces les anuncio: «Finalmente, la jarra está llena». Y pregunto: «¿Cuál es la moraleja de este ejercicio?».

Inmediatamente, alguien levanta la mano: «La moraleja es que siempre hay espacio para incluir al menos una tarea más en nuestra vida si persistimos en nuestro intento».

Es una conclusión bastante razonable, pero no es la que yo busco. El quid de la demostración es que no habrá espacio para las piedras grandes a menos que comencemos con ellas. Si colocamos la arena, la grava y el agua antes, no quedará espacio para las piedras.

Lo mismo sucede con la programación de tus actividades. Si permites que tus días se llenen de detalles y trivialidades de la vida cotidiana (la arena, la grava y el agua) jamás tendrás tiempo para las tareas que consideras más importantes, las piedras grandes de la categoría 2. Si no programas tus piedras grandes al principio, tu horario se llenará con tareas menos importantes, y jamás encontrarás el tiempo para realizar aquello que hará que tu deseo se materialice.

En cuanto a las otras categorías de tareas, la categoría 4 habla por sí sola. Las tareas en esta categoría no son ni importantes ni urgentes. A este tipo de actividad lo llamo «trivialidades». Algunas personas se pasan la vida envueltas en trivialidades. Siempre están ocupadas, pero jamás parecen alcanzar ningún logro. Dedicar tiempo a esta categoría no es un buen consejo para que tu deseo se cumpla.

Las tareas de la categoría 1 son a la vez urgentes e importantes. Tienes que dejar lo que sea que estés haciendo y cumplir con la tarea de la categoría 1. Hay un nombre para este tipo de tarea: se llama crisis. Si te das cuenta de que lo tuyo es saltar de una crisis a otra, le dedicas demasiado tiempo a la categoría 1. Tampoco en este caso es un buen consejo para que tus deseos se cumplan. La manera de superar este síndrome de crisis consiste en dedicar más tiempo a la categoría 2, y trabajar en tareas que son importantes, antes de que se conviertan en urgentes.

Por ejemplo, imagínate que deseas perder suficiente peso para que te puedas poner el traje de baño en verano. Se trata de una tarea de la categoría 2. Es importante que pierdas peso, pero no es urgente. Tienes todo un año para que este deseo se cumpla, de modo que ¿por qué preocuparse de la dieta y el ejercicio ahora mismo? ¿A qué viene tanta prisa? Pero cuando llegue la próxima primavera, si sigues pesando tanto como ahora, descubrirás que perder todo ese peso de aquí al verano se ha convertido en una tarea crítica. La tarea se ha desplazado a la categoría 1 porque no le prestaste atención mientras estaba en la categoría 2.

Cuando respetas el principio de que lo más importante es lo primero, cuando acabas las tareas importantes antes de que se conviertan en urgentes, dedicas menos tiempo a apagar incendios y más tiempo a acabar lo que haces. De eso trata el principio de la gestión del tiempo. Y esa sí es una gran receta para conseguir que tus deseos se cumplan.

11
Los problemas

Los problemas son sinónimo de vida. Las únicas personas que no tienen problemas son las que ya están enterradas a dos metros bajo tierra. No sacas nada con desear tener menos problemas; más vale desear tener más competencias para darles una solución.

Los problemas existen porque es mucho más probable que las cosas funcionen mal a que funcionen bien. Hay cientos de maneras de escribir mal una palabra, pero sólo hay una manera de escribirla correctamente. Puedes dar mil respuestas incorrectas a un problema de matemáticas pero sólo hay una respuesta correcta. Hay más maneras de desordenar la propia casa que mantenerla limpia. Hay más maneras de perder una venta que de tener éxito en una venta.

Hacer que tus deseos se cumplan tiene que ver con la solución de los problemas que encuentras por el camino. Al nacer, te han dotado del ordenador más poderoso del mundo para solucionar problemas: el cerebro humano. La clave para solucionar cualquier problema es persuadir a ese cerebro para que haga lo que mejor sabe hacer, es decir, pensar.

A continuación, un proceso mental de tres pasos que te ayudará a solucionar cualquier problema que encuentres:

1. Decide cuál es el problema que quieres solucionar.
2. Escoge la solución.

3. Emprende la acción para aplicar tu solución.

El último de estos pasos apenas requiere una explicación. Ya hemos hablado extensamente de pasar a la acción para saber que no ocurre nada hasta que actuamos, hasta que comienzas a poner en movimiento las causas de los efectos que deseas. Por lo tanto, centrémonos en los dos primeros pasos.

Paso n.º 1. Decidir qué problema quieres solucionar

Imagínate que despiertas el lunes por la mañana después de unas vacaciones de dos semanas, comienzas a vestirte y descubres que has aumentado tanto de peso que tu ropa ya no te va bien. ¿Cuál es el verdadero problema?

a. Tu cuerpo es demasiado grande.
b. Tu ropa es demasiado pequeña.
c. No tienes nada que ponerte para ir a trabajar.

La respuesta correcta: todos son problemas verdaderos. No puedes ni siquiera comenzar a pensar una solución hasta que decidas cuál de estos problemas quieres solucionar. Si quieres solucionar los tres, tienes que decidir cuál solucionarás primero.

Paso n.º 2. Escoge la solución

Hay más de una manera de solucionar los problemas. Por ejemplo, si no tienes nada que ponerte para ir a trabajar, puedes salir y, en un momento, comprarte ropa nueva. O puedes pedir ropa prestada. O puedes confeccionar ropa nueva. O puedes renunciar.

La solución que escoges para cualquier problema depende del resultado que quieras producir. Por ejemplo, si vives una relación matrimonial infeliz, tienes que decidir si quieres salvar tu matrimonio o abandonarlo. Si tienes un empleo sin futuro, tienes que decidir si deseas un ascenso, o un traslado o buscar un empleo nuevo. Si tu coche se estropea, tienes que decidir si quieres repararlo o comprar un coche nuevo. Cuando eliges el resultado que deseas, te permites a ti mismo escoger una estrategia de acción que provocará ese resultado.

Sesión de lluvia de ideas

Puedes dar con toda una gama de soluciones para tus problemas más difíciles si piensas en la solución como nada más que una respuesta a una pregunta apropiada. Formúlate la pregunta y escucha tus respuestas. ¿Te suena familiar? Debería. Es el mismo proceso de lluvia de ideas que tratamos en el capítulo 1. He aquí cómo puedes aplicar el proceso de cinco pasos para ayudarte a solucionar cualquier problema que enfrentes:

1. Escribe el problema que quieres solucionar redactándolo como una pregunta en la parte superior de una hoja de papel.

Con el fin de explotar la capacidad de tu propia mente para solucionar problemas, sólo tienes que formularle la pregunta y luego escuchar tus respuestas.

2. Escribe lo primero que te venga a la mente.

Hazte la pregunta que has escrito en la hoja y escribe todas las respuestas que se te ocurran.

3. Acepta con gratitud cualquier cosa que te venga a la mente.

Tu cerebro es una mina de oro o, como a mí me gusta decirlo, una mente de oro. Cuídala por todo lo que vale. Acepta todos tus pensamientos como si fueran pepitas de oro puro.

Confía en ti mismo. Tus ideas más descabelladas, cuando las ves a la luz del día, pueden ser las mejores. O quizá tus mejores ideas acechan ocultas en un pensamiento descabellado, y tienes que arrancar ese pensamiento descabellado de tu mente y eliminarlo como obstáculo antes de que puedas llegar al verdadero oro.

4. No pares de escribir.

Piensa que llevarás a cabo una lluvia de ideas durante dos minutos, o cinco minutos, o el tiempo que sea. No dejes de escribir hasta que el tiempo se acabe.

5. Guarda tus críticas para más tarde.

Escribe, no juzgues. Más tarde tendrás todo el tiempo que quieras para juzgar.

Cuando hayas completado tu sesión de lluvia de ideas, tendrás una lista de posibles soluciones al problema que has anotado en tu hoja. Ahora puedes decidir con qué soluciones te quedas y archivar el resto.

Cuanto más practiques la lluvia de ideas, más ágil se volverá tu práctica. No pasará mucho tiempo antes de que puedas ofrecer valiosas soluciones tan fácilmente como recitas los días de la semana.

Busca dos soluciones
Hay al menos dos soluciones para cualquier problema, y

probablemente muchas más. Cuando encuentres una solución, busca la segunda, y luego otra más. Conserva una mente abierta. En lugar de empeñarte en buscar la solución única y perfecta, intenta buscar la mejor solución entre varias alternativas. Luego, sigue buscando alternativas. No dejes de hacerte preguntas. No dejes de escuchar tus respuestas. Mientras te sigas escuchando, tu mente seguirá proporcionándote abundantes respuestas.

Busca lo evidente

Cuenta el anecdotario urbano que en una ocasión durante un atasco en Nueva York, un remolque quedó atrapado en el Holland Tunnel. El camión era demasiado alto para avanzar y estaba demasiado trabado para volver atrás. Los policías, que ya habían llegado, llamaron a los bomberos. Éstos reunieron a sus mejores expertos para estudiar el problema y propusieron lo que parecía la única solución lógica: cortar la parte superior del remolque y arrastrarlo fuera del túnel.

Entonces pasó un coche por el carril contrario. En el interior, una chica le preguntó a su padre por qué no deshinchaban las ruedas del camión. Su padre se detuvo y les preguntó a los policías. Éstos se rascaron la cabeza, avergonzados, y siguieron el consejo de la pequeña. Al cabo de un rato, el camión había salido del túnel.

La niña era demasiado pequeña e inocente para buscar soluciones difíciles, de modo que buscó una fácil. Recuerda esto la próxima vez que te encuentres con un problema difícil. Busca las soluciones que tienes ante las narices, donde son tan evidentes que se las suele ignorar, como un par de pantalones que no puedes encontrar en el armario porque están colgados justo ante tus ojos.

Aplica perspectivas novedosas

¿Describirías la figura de más arriba como convexa o como cóncava? La respuesta depende de tu perspectiva. Si estás a la derecha del dibujo, parece cóncava. Si estás a la izquierda, parece convexa. Con sólo modificar tu punto de vista, puedes convertir una descripción de la «realidad» en su perfecto contrario.

La próxima vez que te encuentres con un problema difícil, intenta enfocarlo desde una nueva perspectiva. El problema adoptará un significado completamente nuevo y te presentará toda una gama de soluciones nuevas.

Por ejemplo, los aserraderos tenían grandes problemas para deshacerse del serrín. Era un subproducto inconveniente y caro. También era una cuestión importante para las empresas madereras, hasta que alguien estudió el problema desde una perspectiva novedosa. En lugar de ver desechos, vio materia prima. En lugar de ver serrín, vio pulpa. Le agregó un poco de cera al serrín, le proporcionó una cubierta elegante, y creó un nuevo producto que lo hizo rico y permitió a los aserraderos ganar dinero vendiendo el serrín en lugar de pagar para deshacerse de él.

En todos los problemas «sin solución» existe la semilla de una solución. Para reconocer esa solución, lo único que tienes que hacer es mirar al problema bajo una nueva luz. Enfrenta cada problema desde una nueva perspectiva y podrás crear infinidad de soluciones nuevas.

¿Qué pasaría si...?

¿Qué pasaría si la próxima vez que te digas a ti mismo: Eso nunca funcionará, agregas rápidamente: ¿Y qué pasaría si lo intento de todas maneras? Cuando preguntas: ¿Qué pasaría si?, te permites considerar todas tus opciones, probar cómo te sientan sin correr riesgos. Te abres a posibilidades que de otra manera permanecerían ocultas. Te permites explorar todas las soluciones potenciales a un problema, en lugar de sólo contemplar las que parecen políticamente correctas. Al contar con más posibilidades, mejoras tus probabilidades de acertar.

Ofrécete consejos a ti mismo

Otra gran manera de encontrar soluciones creativas es hacerse la siguiente pregunta: Si me encontrara con alguien que tiene el mismo problema que yo intento solucionar, ¿qué consejo le daría a esa persona?

Por ejemplo, imagínate que quisieras cambiar de carrera. Quieres empezar en un campo nuevo que te interesa, en lugar de dedicar el resto de tu vida a la misma empresa rutinaria a la que llegaste cuando acabaste la universidad. Pero tienes que mantener a una familia, pagar facturas e hipotecas todo los meses. ¿Cómo puedes hacer el cambio de una carrera a otra sin renunciar a tu calidad de vida?

Para responder a esta pregunta, imagínate que viajas en avión y empiezas a conversar con la persona sentada a tu lado. Esta persona te dice que tiene muchas ganas de cambiar de carrera pero que no puede renunciar a su calidad de vida. ¿Qué consejo le darías?

¿Le dirías que realice el cambio, porque, de otra manera, en diez años se encontrará exactamente en el punto en que está hoy? ¿Y le dirías que tendría un rendimiento muy superior en un trabajo que le agrada en comparación con un trabajo que detesta, y que eso de hecho significa aumentar su calidad de vida? ¿Le dirías que buscar la realización y la felicidad en la vida es más importante que comprar un coche nuevo cada tres años? ¿Le dirías que la vida es demasiado corta para malgastarla en la carrera equivocada? ¡Ya lo creo que se lo dirías! Le dirías todas estas cosas porque es más fácil dar consejos que seguirlos.

Seguir los buenos consejos nos cuesta mucho, demasiado para la mayoría, de modo que con mucha frecuencia solemos ocultarnos a nosotros mismos nuestros mejores consejos. Para obtener el beneficio de nuestros propios buenos consejos, a veces tenemos que fingir que aconsejamos a otra persona.

Ni te detengas a pensarlo

Suelo llamar con tanta frecuencia a mi mujer a su despacho que marco su número sin pensarlo. Pero si me preguntan cuál es su número, si me pidieran que pensara en él, tendría que marcarlo para responder a la pregunta.

¿Recuerdas cuando aprendiste a conducir? Primero tenías que aprender las normas de tráfico, saber quién tiene la preferencia, conocer los límites de velocidad, consejos para conducir seguro. Luego tuviste que aprender a hacer funcionar tu vehículo. Tenías que saber manejar el volante, los cambios, el acelerador, los frenos. Y luego, probablemente en un aparcamiento, tuviste que practicar utilizando simultáneamente todos estos controles tan poco familiares, ojalá sin estrellar el coche contra una pared. Finalmente, tenías que reunir todas estas habilidades en una carretera verdadera y de alguna manera maniobrar un proyectil de más de una tonelada de peso desde el punto A hasta el punto B, mientras cientos de otros proyectiles similares pasaban volando a tu lado a cien kilómetros por hora, todo esto sin matarte a ti mismo ni a tu pobre instructor, mientras tenías que recordar todo lo que habías aprendido para conducir con seguridad.

Desde luego, no podías recordarlo todo, al menos no conscientemente. No eras muy buen conductor hasta que aprendiste a conducir inconscientemente. Cuanto mejor conducías, más inconsciente se volvía tu destreza de conductor. Al cabo de unas semanas, no sólo podías pasear cómodamente al límite de la velocidad sino incluso superarla con creces, con un refresco en una mano, una hamburguesa en la otra y tu brazo libre en la cintura de tu acompañante, mientras charlabas animadamente con la pareja del asiento trasero.

Hay más cosas en ti que lo puramente visible. La parte más poderosa de tu mente, la parte responsable de tus habilidades, tus emociones, tu memoria y tu pensamiento más profundo es subconsciente. La mayor parte de ti mismo está bajo la superficie. Puede que no sepas que está ahí, y puede que no sepas lo que está haciendo, pero es la encargada del espectáculo, de tu espectáculo. Tu mente subconsciente es la herramienta más poderosa que puedes manejar para solucionar problemas. Para liberar este poder, sólo tienes que aprender a dejar que tu subconsciente piense por ti.

¿Alguna vez has pasado un examen cuyas respuestas conocías, pero que no podías recordar mientras estuvieras sentado en el aula? Luego sonaba la campana, abandonabas el aula y las respuestas te venían inmediatamente a la cabeza. Tu subconsciente finalmente conseguía darte la respuesta una vez que te habías olvidado de la pregunta. Ahí reside el secreto de la explotación del poder del subconsciente. Si dejas que la pregunta se vaya de tu mente consciente, tu mente subconsciente te dará la respuesta.

Cuando mejor piensas es cuando lo haces de forma subconsciente. Por eso tenemos nuestras mejores ideas en los momentos más inesperados, en la ducha, justo antes de dormirnos, yendo al trabajo, viajando en metro, mientras nuestra mente consciente está ocupada con otras cosas.

Para poner a funcionar tu mente subconsciente y solucionar problemas, sigue estos tres pasos:

1. Convierte tu problema en una pregunta y luego formúlate esa pregunta.

Por ejemplo, si el problema que intentas solucionar es que no puedes evitar quedarte dormido en el trabajo, pregúntate: ¿Cómo puedo permanecer alerta y con energía todo el día?

2. Cuando te hayas hecho la pregunta, olvídate de ello y centra tu atención en otra cosa.

Puede que tu respuesta tarde horas, e incluso días, en llegar. Pero no te preocupes, ya vendrá. Si te preocupas, puede que no llegue. Puede que vacile, como un actor que teme aparecer en escena, hasta que diriges tu atención a otra cosa.

Si no aparece una respuesta en dos o tres días, vuelve a hacerte la pregunta, y luego vuelve a olvidarte de ella. Repite este ciclo las veces que sea necesario, hasta que tu pregunta obtenga una respuesta. Confía en tu subconsciente. Espera respuestas y éstas llegarán.

3. Escribe tus respuestas en el momento en que se te ocurran.

Las ideas son como billetes de lotería que puedes imprimir para ti mismo. Sigue imprimiéndolos hasta que ganes. Pero no puedes cobrar estas ideas hasta que las hayas escrito.

Cuando pones tus pensamientos por escrito, le haces saber a tu subconsciente que estás escuchando, para que éste sea más propenso a darte algo que conviene que escuches. Si ignoras lo que te da, dejará de dártelo.

Cuando pones tus pensamientos por escrito en cuanto se te ocurren, capturas las ideas que de otra manera desaparecerían en tu subconsciente, como un pez se desprende del anzuelo y desaparece en el agua. Si piensas que una idea quedará suspendida durante un día, o una hora, o incluso unos pocos minutos hasta que tengas el tiempo de escribirla, te equivocas, y desperdicias tu recurso más valioso. Hasta la tinta más débil es más poderosa que una memoria potente. No puedes olvidar las cosas que escribes. Si guardas estos pensamientos por escrito antes de que estos te dejen, jamás te dejarán.

Donde quiera que vaya, tengo la costumbre de guardar una libreta y un bolígrafo, en mi coche, en el baño, en mi maletín, junto a mi cama, en el bolsillo, por si tengo una idea. No quiero perder ni la más mínima idea por no haber tenido la sensatez de escribirla. Nada es más poderoso que una idea cuyo tiempo ha llegado. Nada es más inútil que una idea cuyo tiempo ha llegado, y se ha ido por haber sido ignorada. Es algo horrible desperdiciar una idea, y esto deberías anotarlo.

No hay mejor momento para formular una pregunta que justo antes de dormir porque llevamos a cabo la mejor parte de nuestra actividad mental mientras dormimos. Por eso, cuando nos enfrentamos a una decisión difícil, decidimos «consultarlo con la almohada».

Cuando te haces una pregunta antes de dormirte, olvídate de ella. Deja que la respuesta llegue en el momento apropiado. Disfruta de tu sueño con la seguridad tranquila de que la respuesta te estará esperando por la mañana. Si piensas conscientemente en tu pregunta, sólo conseguirás horas de insomnio. Pero si duermes, dejarás que tu subconsciente funcione mientras tú descansas.

Como cualquier otra cosa que quieras dominar, el proceso de explotar tu mente subconsciente requerirá práctica, pero la práctica es fácil. Sólo tienes que hacerte una pregunta y registrar las respuestas cuando estas se presenten. Cuanto más ejercites tus músculos para solucionar problemas, se volverán más fuertes y más diestros para solucionar los problemas que impiden que tu deseo se haga realidad.

Paso n.º 3. Pasar a la acción

Una vez que hayas decidido qué problema vas a solucionar y luego hayas elegido la solución adecuada, el próximo paso consiste en pasar a la acción para llevar a cabo tu solución. La acción es lo que establece la diferencia entre quienes solucionan problemas y quienes son problemas.

Cuando se trata de enfrentarse a un problema, hay dos tipos de personas en el mundo: aquellos que preguntan: «¿Por qué yo?», y aquellos que preguntan: «¿Qué voy a hacer para solucionarlo?». En esta pregunta reside la diferencia entre la grandeza y la ingratitud, entre el campeón y el fanfarrón, entre el que gana y el que se queja.

Como he señalado anteriormente, cualquier imbécil te puede decir por qué no funciona el mundo. Las personas que se mueven reaccionan haciendo algo. La mejor solución en el mundo no resolverá ni un solo problema a menos que emprendas la acción necesaria para ponerla en práctica. Actúa, y solucionarás el problema. No actúes, y te convertirás en problema.

12

La ayuda

Tú eres el único responsable de que tus deseos se cumplan. Tú eres el único responsable de hacer que las cosas sucedan. Sólo tú puedes construir o destruir tu propio éxito. Sin embargo, tu recurso más poderoso son las otras personas.

Cualquier esfuerzo que emprendas por tu propia cuenta podrá multiplicarse si consigues la ayuda de otras personas. Son ellas quienes poseen los recursos que a ti te faltan: una perspectiva diferente, ideas diferentes, habilidades, experiencias, contactos y hasta cuentas corrientes diferentes. Cuando reclutas a otras personas para tu causa, sus recursos se convierten en tus recursos.

Las personas que conoces te pueden ayudar a buscar ayuda con prácticamente cualquier persona en tu país. Por ejemplo, imagínate que eres un alumno de instituto y quieres pedirle un favor al Presidente de tu país. En primer lugar, hablarías con alguien que ya conoces (un profesor, el director del colegio, un entrenador o tal vez el propietario de la empresa donde trabajas durante las vacaciones de verano). Supongamos que has decidido hablar con el empresario. Lo más probable es que éste conozca a muchos de los ciudadanos más importantes de tu comunidad. También es probable que uno de estos ciudadanos importantes conozca a uno de los congresistas de tu región. Puedes estar seguro de que tu congresista tiene suficiente influencia como para ponerse en contacto con el presidente.

Tu plan de acción consistiría en pedirle al empresario que hable con uno de los ciudadanos más destacados para que le pida al congresista que le solicite al presidente un favor de tu parte. Son cuatro pasos y ya has llegado al final. Si puedes hablar con el presidente con esa facilidad, puedes llegar a cualquier persona que te propongas.

Piensa en alguien que pueda ayudarte a hacer realidad tu deseo. Si has escrito un libro, querrás tomar contacto con un editor. Si lo que intentas es conseguir el empleo de tus sueños, habla con la persona encargada de los contratos. Si intentas conseguir tu gran papel como actor, querrás hablar con un productor de Hollywood. Si quieres trabajar como encargado de los equipos de tu grupo de rock preferido, te conviene hablar con el representante del grupo. Si lo que quieres es ingresar en la universidad, habla con el director del departamento de admisión. Piensa en cualquier persona de tu país (o, ya puestos, del mundo) y luego piensa en cómo puedes llegar a esa persona a través de tus propios conocidos.

Por ejemplo, supongamos que quieres entregar tu currículum a esa persona única y particular que te puede contratar para el empleo de tus sueños. Digamos que esa persona es el vicepresidente de la cadena de televisión CBS. Piensa en alguien que conozcas que trabaje en la CBS. Si no conoces a nadie, piensa en un amigo que podría conocer a alguien que trabaja en la CBS (por ejemplo, en la cadena filial local). Cuando hayas tomado contacto con alguien que trabaja para la CBS, descubrirás que esa persona conoce a alguien (un jefe, o el jefe de un jefe) que conoce a alguien (un ejecutivo) amigo del vicepresidente con quien quieres hablar. Es así de sencillo. De hecho, cuanto más importante sea la persona con quien quieras hablar, más conocidos tendrá, de modo que será más fácil llegar a ella a través de terceros.

Estas personas te pueden ayudar de muchas maneras. Te pueden dar consejos, conocimientos, dinero, información, contactos y apoyo emocional. Pueden ser la diferencia entre un éxito espectacular y un rotundo fracaso. Te pueden proporcionar todo lo que necesitas para que tu deseo se haga realidad. Pero hay una condición. Si lo que quieres es conseguir ayuda, tienes que salir a buscarla. Cuando lo hagas, querrás tener las cartas a tu favor. A continuación, te presento una estrategia de cinco pasos que te ayudará a conseguir un Sí en lugar de un No cuando pidas algo.

1. Pide algo específico

La mejor manera de facilitarle a otros la tarea de ayudarte es plantear específicamente lo que quieres. Si esa persona no sabe exactamente lo que quieres, difícilmente podrá ayudarte. En otras palabras, si no sabes exactamente lo que quieres, ¿cómo puedes pedirlo?

Ayúdale a esa persona a ayudarte. Si lo obligas a adivinar lo que necesitas, es probable que se equivoque. O puede que no te preste ningún tipo de ayuda porque no entiende lo que quieres. Si tú no lo entiendes, ¿como podrá entenderlo ella?

Tienes que ser específico. Si lo que quieres es dinero, pide exactamente la cantidad que deseas y cuándo lo deseas. Si quieres que te presenten a alguien, especifica quién es, cuándo y exactamente qué quieres que tu intermediario diga a tu favor. Si lo que deseas es un consejo, pídele a la persona que te aconseja una solución específica a un problema específico. Si lo que quieres es apoyo emocional, pide exactamente el tipo de apoyo que necesitas. Si no lo planteas específicamente, no lo conseguirás.

2. Pide ayuda a las personas más indicadas

Antes de pedir algo, piensa en lo siguiente: ¿puede esta persona darme lo que necesito? Si la respuesta es No, busca a alguien que Sí pueda.

Si quieres conseguir dinero, pídele a alguien que te lo pueda dar o que te pueda ayudar a conseguirlo. Si deseas un ascenso o un nuevo empleo, pídele a alguien que pueda ascenderte, o contratarte o ponerte en contacto con alguien que te contrate. Si quieres vender algo, pregúntale a alguien que pueda comprarlo. Si quieres comprar algo, pídele a alguien que pueda vendértelo. Cuando te hayas propuesto pedir algo, asegúrate de pedírselo a alguien que pueda procurarte lo que necesitas.

Esto es lo más fundamental (y también lo que más se presta a malentendidos) cuando se trata de pedir consejos. Nuestro primer impulso es pedirle consejos a las personas que conocemos mejor. A menudo, éstas se muestran muy dispuestas a ayudar, pero su ayuda no sirve de gran cosa.

Por ejemplo, preguntamos a nuestros padres cómo ganar dinero, a pesar de que ellos nunca se han enriquecido. Preguntamos a nuestro mejor amigo cómo conseguir un ascenso, a pesar de que él es incapaz de conseguir un empleo. Le preguntamos a nuestra vecina cómo perder peso, aunque vemos que el vestido que se compró la semana pasada ya le queda estrecho. Todos tienen buenas intenciones, pero no saben cómo proceder. No saben lo suficiente acerca de la tarea en cuestión para prestarte ayuda.

A menos que alguien haya estado donde tú quieres ir, no sabrá decirte cómo llegar adonde quieres ir. Si quieres buenos consejos, pregúntale a alguien que haya logrado lo que tú persigues y que te pueda aconsejar a partir de la experiencia. Pide ayuda a alguien que pueda ayudarte.

3. Procura que tu planteamiento merezca la pena

A veces, las personas nos ayudan por amor, y a veces, por compasión. Por otro lado, sin duda nos ayudan por una cuestión de interés propio. Si quieres que alguien te ayude, procura que le sea de alguna utilidad.

Cuando pides algo, la pregunta que con toda probabilidad se planteará la otra persona es: ¿Qué gano yo con ello? Tu manera de responder a esa pregunta decidirá en buena medida si esa persona está dispuesta a ayudarte o no. Si puedes encontrar una manera de enriquecer su vida, ella se mostrará muy dispuesta a enriquecer la tuya. Si puedes encontrar una manera de servirle, te asombrará ver cómo ella está dispuesta a servirte a ti. No tienes que convencerla, ni tienes que persuadirla, ni tienes que presionarla. Sólo tienes que procurar que merezca la pena para ella. El resto viene por añadidura.

4. Sé sincero

No quiero decir que actúes con sinceridad, sino que seas sincero. No es una cuestión de la imagen que proyectas, sino de cómo te sientes. ¿De verdad quieres lo que estás pidiendo? Si no es así, ¿cómo puedes esperar que otra persona te lo dé? ¿Estás seguro de lo que quieres? Si no lo estás, o, la persona a quien le pides ayuda tampoco no estará segura de si prestártela o no.

Cada vez que sientes un conflicto interiormente, este se manifiesta exteriormente. En este caso, es más probable que las personas se resistan en lugar de ayudarte. Si tienes dudas acerca de lo que quieres, convéncete primero antes de intentar convencer a otra persona. Luego, cuando estés seguro de lo que quieres, puedes pedirlo con sinceridad, con absoluta convicción. Cuanto más convencido estés acerca de lo que quieres, más probable es que convenzas a otro para que te preste su ayuda.

5. Sigue pidiendo hasta que consigas lo que quieres

Algunas personas escuchan la palabra «no» y se dan por vencidas. Otras personas escuchan la palabra «no» y piensan que sólo necesitan un martillo más grande. Cuando lo encuentran, siguen golpeando hasta que escuchan un «sí». No recomiendo ninguna de las dos actitudes.

El «no» significa que lo que estás haciendo no funciona, así que inventa otra manera de abordarlo. No necesitas un martillo, sino una llave, la llave que abrirá el corazón de la otra persona.

Tal vez aún no hayas formulado la pregunta adecuada. Tal vez no has logrado que para la otra persona merezca la pena ayudarte. O quizá no hayas sido lo bastante específico. O sincero. En algún momento, no has hecho lo necesario para inspirar a la otra persona a ayudarte. Por lo tanto, intenta otro enfoque. O intenta abordar a otra persona. Y no renuncies hasta que consigas lo que quieres. Si lo sigues intentando hasta conseguirlo, siempre lograrás lo que quieres.

Proceso L.A.M.P. Paso 3

La gestión
de tu progreso

13

La concentración

¿Alguna vez cuando eras niño utilizaste una lupa para quemar tus iniciales en un trozo de madera? ¿Qué había en esa lupa que convertía el agradable calor del sol en un rayo calcinante?

Aquello tiene un nombre y se llama concentración. Concentrarse significa converger en un solo punto. La energía concentrada puede conseguir cosas que la misma energía, no concentrada, no podría.

La mayoría de las personas son como el sol de un día cálido. Irradian su energía ampliamente, sin ningún propósito particular en mente. Con vivir cada día, logran poca cosa más que llegar al siguiente.

La gente con éxito son como las lupas. Concentran su energía (y su tiempo y su talento) exactamente en lo que desean alcanzar. Saben que su poder es mayor cuando se concentran en un solo punto. No son mejores que otras personas, ni más inteligentes, ni valen más. No tienen más tiempo, ni más energía, ni más talento. Pero son personas más concentradas. Utilizan la concentración para conseguir lo que parece estar por encima de sus medios.

Si quieres tener el efecto más amplio posible en tu vida, concéntrate en el punto más pequeño. Concentra tu tiempo, tu energía y talento para conseguir que suceda lo que más deseas de verdad.

Los estrategas militares lo denominan concentración de fuerzas. Saben que la manera de ganar una batalla es enfrentarse al enemigo con todo lo que tienen en un punto en que sus fuerzas superarán a las de su adversario. Cuando desees algo, piensa que cualquier obstáculo que se interpone entre tú y la consecución de tu deseo es el «enemigo». La concentración te permite reunir todos tus esfuerzos para superar aquel obstáculo.

La concentración significa que pones en primer lugar tu deseo, antes que cualquier otra cosa que compita por tu tiempo y tu atención. Si le dedicas a tu deseo media hora, o una hora, o dos horas al día —cualquier espacio de tiempo que hayas decidido dedicarle— justo antes de que acabe el día, o el mes, o el año, al final no tendrás grandes resultados. No es que tengas que renunciar a todo lo demás en tu vida, pero te niegas a dejar que te distraiga cualquier cosa de tu deseo. Ese es el poder de la concentración.

No pierdas de vista tu deseo

Para mantener tus esfuerzos concentrados en tu deseo, no lo pierdas nunca de vista. A algunas personas les agrada colocar su deseo donde puedan verlo varias veces al día, en su espejo, en el salpicadero del coche o junto a la pantalla de su ordenador. Otros prefieren escribir su deseo en una tarjeta y conservarla en su billetera. Cuando tienen un momento libre durante el día, esperando el metro, en una sala de espera o en la cola del supermercado, sacan la tarjeta y leen su deseo.

Uno de los métodos que arroja resultados especialmente buenos consiste en escribir tu deseo cada día en lugar de leerlo. Escribirlo una y otra vez lo plasma en tu pensamiento y te

da grandes incentivos para despojarlo de toda palabrería inne-
cesaria. Cuanto más breve el deseo, mayor será el impacto
emocional.

Afirma tu deseo

He descubierto que la manera más eficaz de mantenerme
concentrado en mi deseo es repetirlo todos los días, como
una afirmación. Lo repito en voz alta, con intensa emoción,
hasta que siento que ha calado profundo. El número de
veces que se repite no es tan importante como la intensidad
de la emoción.

Yo enuncio mi deseo-afirmación al mismo tiempo y en el
mismo lugar todos los días, en el coche cuando voy al trabajo.
De esta manera, lo he convertido en un hábito. Todas las mañanas, al ponerme al volante, lo primero que me viene a la
mente es mi deseo. Y entonces lo repito de forma mecánica.
Me permite empezar las mañanas espléndidamente porque sé
que pasaré todo el día abocado a que mi deseo se cumpla.

Hay otra manera de no perder de vista nuestros deseos, y
consiste en redactar un informe semanal sobre el progreso
realizado. Estos informes forman parte de mi plan L.A.M.P. y
están programados en mi calendario semanal. Registro cuánto he progresado durante la última semana y lo comparo con
mis expectativas. Esto me mantiene concentrado en mis logros, y me permite realizar ajustes en mi plan antes de que sea
demasiado tarde y no pueda cumplir con mis plazos.

En la precipitación de tu apretado horario, puede que te
sientas tentado de saltarte los informes semanales. Al fin y al
cabo, tú eres el que mejor sabe cuánto progreso has realizado. Pero te equivocas. Si no cumples con tus informes sobre
el progreso realizado, no te sorprendas si al cabo de un mes,

seis meses o un año te das cuenta de que has tomado la ruta equivocada. Si tienes todo ese tiempo que perder, sin duda puedes prescindir de los informes. Pero si quieres que cada día importe, registra tu progreso y mantén tu plan L.A.M.P. actualizado. Esto te mantendrá más concentrado que cualquier otra cosa.

Un deseo a la vez

Si escribes tu deseo cada día, si lo afirmas cada día y si redactas un informe sobre el progreso realizado cada semana, descubrirás que al hacerlo potenciarás excepcionalmente tus esfuerzos. Si lo intentas con varios deseos a la vez, te resultará muy pesado.

Desear funciona porque desear implica trabajar. Si acumulas demasiado trabajo de ese tipo, puede que pierdas tu impulso y tu entusiasmo. No hagas de tu vida una tarea, sino una alegría. Trabaja en un deseo a la vez. El poder proviene de la concentración; la concentración se establece a partir de prioridades, de modo que define tus prioridades. Decide qué es lo más importante y trabaja en ello hasta que lo consigas. Cuando hayas realizado aquel deseo, estarás libre para trabajar en el siguiente, y luego el siguiente, y así sucesivamente, hasta que un día mires atrás y veas a tus espaldas un reluciente camino donde quedan todos los sueños que has hecho realidad.

Volver a centrarse

Cuando un avión recorre el trayecto entre Nueva York y Los Ángeles tiende a salirse de su rumbo durante el 95 por ciento del tiempo de vuelo. El piloto dedica la mayor parte del tiempo a realizar ajustes que devuelvan el avión a su rumbo.

Tú también deberías prepararte para usar tu tiempo de esta manera cuando te encuentras en el proceso de hacer realidad un sueño. Las condiciones cambiarán, tu plan L.A.M.P. cambiará. Puede que tu propio deseo cambie y que encuentres todas las distracciones imaginables. Cuando todo esto suceda, verás que la mayor parte del tiempo estás desviado de tu rumbo. No te preocupes demasiado por ello. Vuelve a concentrarte y realiza los ajustes necesarios. Continúa introduciendo ajustes (volver a centrarse una y otra vez) hasta que llegues a tu destino.

Este es el secreto de saber recorrer largos trayectos. Puedes volver a centrarte siempre que lo necesites. La gente que tiene éxito no lo logra porque siempre mantenga el rumbo. Tienen éxito porque siempre vuelven al rumbo fijado. Saben cómo volver a centrarse, por mucho que se hayan apartado de ese rumbo.

La suerte

Al igual que un televisor, tu mente puede sintonizar con las cosas que te interesan e ignorar el resto. Suceden muchas más cosas a tu alrededor que te demandan tiempo o atención que no puedes dedicarles. No te fijas en todos los objetos sobre las mesas, en cada mota de polvo en la alfombra, en cada trozo de papel en las papeleras. No escuchas todas y cada una de las tertulias de la televisión ni atiendes al ruido de fondo de lo que dicen los programas de radio o televisión. Al ignorar las cosas que no son importantes para ti, te puedes centrar en las cosas que sí son importantes.

Cuando te centras, le dictas a tu cerebro cuáles son las cosas que requieren atención. Cuando sintonizas mentalmente con un determinado canal (por ejemplo centrándote en tu deseo) comienzas a percatarte de todo tipo de cosas cuya existencia ignorabas.

Comienzas a fijarte en los recursos que ignorabas tener a tu alcance. Resulta que tu mejor amigo conoce a una mujer que te puede conseguir una entrevista para el empleo que quieres. O que tu vecino tiene una cabaña en el bosque donde puedes retirarte a escribir tu novela. O buscando en el desván, encuentras tu vieja colección de sellos y piensas en venderla con el fin de obtener el dinero que necesitas para lanzar tu empresa. Un viejo amigo te llama para invitarte a comer y resulta ser justo la persona que necesitas para ayudarte a solucionar un problema que te tiene indeciso.

Ahora comienzas a fijarte en las coincidencias. La persona que viaja sentada a tu lado en el avión es el contacto clave que has estado buscando para seguir adelante con tu deseo. Hojeando una revista, encuentras un artículo que te dice exactamente lo que necesitas para completar el próximo paso de tu plan L.A.M.P. Vas a una fiesta y te presentan a una influyente mujer que puede ayudarte a realizar tu deseo. Un día, mirando la televisión el domingo por la mañana, escuchas una entrevista con una persona que ha logrado exactamente lo mismo que tú pretendes y explica cómo hacerlo. La gente le llama a esto «suerte». Yo lo llamo saber centrarse.

¿Alguna vez has envidiado a alguien que ha tenido la suerte de encontrarse en el lugar correcto en el momento correcto? Quién sabe cuántas veces te has encontrado en el lugar correcto en el momento correcto y no lo has sabido por falta de concentración. Cuando no sabes lo que quieres, pierdes todas las oportunidades que te ayudarán a conseguirlo. Pero cuando sí sabes, cuando estás concentrado, todos los lugares son el lugar correcto y todos los momentos son el momento correcto.

Cuando te centras en tu deseo, el conjunto del mundo adquiere mayor nitidez. Los golpes de suerte convergen en ti como los amigos convergen en una fiesta. Pones en juego todos los recursos a tu mando, más todos aquellos que ignorabas poseer, para ayudarte a realizar tu deseo.

14

La conexión

Llevar a cabo un plan L.A.M.P. puede requerir semanas, meses o incluso años. Es un largo tiempo de espera. ¿Qué haces cuando te sientes cansado, o aburrido o, peor aún, desalentado?

Estos sentimientos son una advertencia de que has perdido tu conexión emocional con tu deseo. Te has desenchufado de tu fuente de energía. Repites los movimientos, pero ya no sientes las emociones. Has perdido contacto con aquello que te daba energía cuando empezaste a perseguir tu deseo.

Puedes seguir exigiéndote y disciplinándote, pero eso no es demasiado atractivo. ¿Por qué no te ahorras todo ese problema y ese malestar y simplemente vuelves a conectar con tu deseo? Vuelve a conectarte con esa fuente de emoción. No te obligues a hacer lo que es bueno para ti, sino que inspírate para hacer lo que es bueno para ti.

El secreto consiste en sentir ahora mismo la emoción que sentirás más tarde cuando hayas realizado tu deseo. Disfruta de tu recompensa emocional ahora en lugar de esperar hasta más tarde. Utiliza tus emociones para que te ayuden a llevarte hasta tu destino, no sólo para recompensarte una vez que lo hayas alcanzado. Cualquiera que sea la situación en que te encuentras (por muy trivial o tediosa que pueda parecer), siéntete como si estuvieras realizando tu deseo.

Disfruta del proceso. Enamórate del proceso de la misma manera que te has enamorado de tu deseo. Disfruta de cada paso que das, sin importar lo poco inspirador que te parezca un determinado paso.

Por ejemplo, si te estás entrenando para correr la maratón de los Juegos Olímpicos y corres cientos de kilómetros a la semana, sabes que estás conectado con tu deseo cuando sientes que cada paso en la práctica te hace disfrutar porque te ayudará a ganar ese oro olímpico.

Si buscas un empleo y ya has enviado doscientas cartas con tu currículum sin recibir una sola respuesta, sabes que estás conectado con tu deseo cuando envías la carta número 201 y te sientes bien porque te has acercado un paso más al éxito.

Si acabas de inaugurar tu propia empresa y ya has perdido tu tercer cliente porque tus clientes piensan que careces de experiencia, sabes que estás conectado con tu deseo cuando sigues adelante y llamas al cuarto cliente. Ganes o pierdas, sabes que cada contacto que hagas te acerca un paso más al éxito.

Cuando estás emocionalmente conectado con tu deseo, la recompensa es ahora. No mañana. No el próximo año. Ahora mismo. No tienes que aplazar tu gratificación. No tienes que esperar tu recompensa. Cada paso que das te permite disfrutar la alegría y la emoción del éxito. Mantienes tu mirada en el premio y te permites saborear ese premio a lo largo de tu viaje.

Cuando estás conectado con tu recompensa emocional, tu plan L.A.M.P. puede navegar por los mares más bravos. Cuando estás desconectado, tu plan puede ser engullido hasta por la ola más pequeña.

Las preguntas sobre preferencias

Las preguntas sobre preferencias te ayudan a mantenerte conectado con tu deseo. También te ayudan a centrar tu atención y tu energía en hacer hoy las cosas que contribuirán a realizar tu deseo mañana, aunque tu tendencia natural sea hacer justo lo contrario.

Por ejemplo, piensa en tu deseo como un deseo último que, de vez en cuando, puede entrar en conflicto con algo que quieres hacer ahora mismo, lo que yo denomino deseo inmediato. Supongamos que tu deseo último es perder quince kilos en seis meses, pero que tu deseo inmediato es consumir un helado de frutas y dulce que se derrite ante tus ojos. Sabes que puedes aplazar tu deseo último, pero ese helado está ahí y ahora. Puedes tocarlo si lo deseas, olerlo y, Dios te perdone, probarlo. Lo más probable es que quieras satisfacer tu apetito inmediato a expensas de tu sueño último. A esto se le llama «naturaleza humana».

Puedes intentar superar la naturaleza humana mediante una autodisciplina de hierro y mediante la negación, pero eso es lo más difícil del mundo. ¿Por qué no trabajar más inteligentemente en lugar de trabajar tanto? En lugar de obligarte a ceñirte al límite, cambia el límite. Consigue que tu deseo último y tu deseo inmediato intercambien lugares. Convierte el helado en algo que puedas aplazar. Y luego, convierte tu peso ideal en un problema que quieres enfrentar ahora mismo.

Puedes realizar este importante cambio con sólo formularte una pregunta de preferencias: en este momento, ¿preferiría tener mi peso ideal o comerme un helado?

Piensa que no te estás preguntando si te gustaría alcanzar tu peso ideal en algún momento del futuro. Al contrario, te preguntas si te gustaría perder peso ahora mismo, en lugar de comer un helado.

En estas circunstancias, si eliges el helado, ya puedes renunciar a tu deseo de perder peso. No tienes ni la más mínima intención de seguir adelante. Si no prefieres tu peso ideal a ese helado hoy, ¿cuándo lo preferirás?

Pero si eliges tu peso ideal en lugar del helado, estás en buen camino. Has tomado una decisión importante. En este momento, pensar en tu objetivo final es más importante que comer un helado. Has convertido un deseo último en un deseo inmediato y te has dado la fuerza necesaria para hacer realidad tu deseo.

El aplazamiento

El próximo paso consiste en convertir el helado de frutas en algo que puedes aplazar. Te has pasado toda la vida aprendiendo a perder el tiempo. ¿Por qué no aplicarlo ahora?

Cada vez que te veas tentado a hacer hoy algo que te perjudicará más tarde, aplázalo. No lo niegues. No lo prohíbas. No te amenaces a ti mismo. Solamente aplázalo.

La virtud de la costumbre de aplazar es que no hay nada que resistir. No hay nada contra qué rebelarse. En lugar de decir no, dices más tarde. Cuando llegue el momento del más tarde, puede que la urgencia haya pasado. Si no, vuelve a aplazarlo. Si sigues aplazándolo, el más tarde nunca llegará.

Nunca subestimes el poder de aplazar las cosas. Puedes darle un giro radical a tu vida gracias a esta sola habilidad, una habilidad que la mayoría consideramos una mala costumbre. Utiliza esta habilidad para distanciarte de cualquier obstáculo en tu camino, de modo que tengas la libertad de volver a conectar con tu deseo y disfrutar de tu recompensa emocional ahora mismo.

15

La flexibilidad

Si lo que haces no funciona, intenta abordarlo de otra manera. Si has tratado sin éxito irrumpir a través de un muro de ladrillos, esquívalo. Si no puedes esquivarlo, pasa por debajo. Si no puedes pasar por debajo, franquéalo por encima. Si no puedes pasar por encima, haz que se desplace. No dejes de probar nuevas opciones hasta que una de ellas funcione. Ese es el significado de «flexibilidad».

Cuando se te acaban las opciones, pierdes. Se trata de seguir buscando alternativas y aplicándolas hasta que encuentres una que funciona. La próxima vez que pienses no tengo alternativa, cambia de parecer. Piensa: ¡Tengo infinidad de alternativas! Después, analiza cuáles son esas alternativas.

Puede que te sorprenda descubrir que siempre hay alternativas, si eres lo bastante flexible para buscarlas. Sólo tienes que mantener tu mente abierta a la posibilidad de éxito. A partir del momento en que te cierras mentalmente, o que dejas de buscar alternativas, renuncias a todas las otras opciones posibles a tu alcance, a todas las otras posibilidades de éxito.

A veces, tienes que crear opciones cuando estás seguro de que no existen otras. Aquello es lo más fácil. Cuando no puedas pensar en algo que funcione, haz una lista de todas las cosas que no funcionarán. Después, para cada entrada de tu lista, pregúntate: ¿Qué pasaría si funciona?

Cuando seas incapaz de pensar en algo que puedas hacer, haz una lista de las cosas que no puedes hacer. Después, para cada entrada en tu lista, pregúntate: ¿Y qué pasaría si puedo?

Finalmente, elabora una lista de todas las cosas que podrías hacer si no fuera en contra de las reglas. Después, piensa en cómo puedes cambiar las reglas.

Reglas. ¿Qué reglas? Cada vez que dices debería o no debería, o debo o no puedo, estás recitando reglas. Estas pueden ser explícitas, como la política de una empresa, o pueden ser implícitas, como las normas sociales de una comunidad. En cualquier caso, tienen el mismo efecto, es decir, limitan tu pensamiento. Te dejan pensar sólo en lo que está permitido, y no en lo que es posible.

No se trata de salir y violar todas las reglas que encuentres en tu camino. Las reglas, las leyes y los códigos morales son los hilos a partir de los cuales todas las sociedades tejen su propia supervivencia. Sin embargo, a veces tienes que pensar más allá de los confines de la estructura mental en que te ha situado tu formación y tu cultura. Tienes que pensar por ti mismo, en lugar de dejar que las personas que elaboran las reglas lo hagan en tu lugar. Tienes que pensar cuáles son las reglas que te sirven a ti y a tu comunidad, y cuáles sirven sólo para obstaculizar tu progreso.

En una escena de uno de los episodios de la serie *Star Trek,* al capitán Kirk le preguntan cómo había sido su rendimiento en la prueba de Kobayashi Maru cuando era cadete en la Academia de la Flota Estelar. Kobayashi Maru era una batalla simulada donde se situaba a los cadetes al mando de una nave espacial, rodeada de naves enemigas y sin posibilidad de derrotar a sus adversarios ni de escapar. Su función era realizar un test de carácter, y estaba diseñada para mostrar cómo reaccionaría un cadete en una situación en que no podría vencer.

Kobayashi Maru era invencible, hasta que llegó Kirk. Éste se negó a aceptar el diseño de la imposibilidad de ganar, de manera que programó el ordenador de la batalla para que le diera una oportunidad de ganar. En lugar de jugar según las reglas, creó nuevas reglas. Ya que sólo le daban la posibilidad de perder, él creó una posibilidad de ganar.

Kirk tuvo éxito no porque rompiera las reglas. Tuvo éxito porque no dejó que las reglas lo rompieran a él. Abrió su mente para pensar en lo que hay más allá de las reglas, más allá de la conducta «aceptable», y descubrió una opción en la que nadie más se había fijado. Para llegar adonde ningún cadete había llegado antes, primero tuvo que pensar en lo que nunca habían pensado otros cadetes. Tienes que estar abierto a las posibilidades antes de que puedas reconocerlas como opciones.

El éxito es una cuestión de cuántas opciones te das a ti mismo para conseguirlo. Si piensas que siempre hay una opción más, una posibilidad más, o una idea más que no has aplicado, entonces siempre tendrás al menos una posibilidad más de triunfar. Y de eso trata la flexibilidad.

Si lo que haces no funciona, abórdalo de otra manera. No dejes de probar cosas nuevas hasta que consigas lo que quieres. No puedes fracasar a menos que se te acaben las alternativas. No se te pueden acabar las alternativas si no te das por vencido.

16

El mapa correcto

Imagina por un momento que paseas por Chicago, con un mapa de Nueva York, intentando saber dónde te encuentras. Nada está donde te lo esperas. Por mucho que mires detenidamente, ni por mucho que conduzcas, no llegarás adonde intentas llegar. Frustrado y confundido, llamas a tu padre para pedirle consejo. Él te dice que no lo estás haciendo correctamente y que será mejor que lo vuelvas a intentar. Le agradeces, vuelves a la calle y redoblas tus esfuerzos. Conduces el doble de tiempo y dos veces más rápido, y te pierdes con el doble de facilidad.

Desesperado, llamas a un guru de la autoayuda. Le explicas que no puedes encontrar ni un solo lugar para orientarte. Nada está donde debería estar, estás perdido, y no sabes qué hacer.

Él te dice que tu actitud es incorrecta. Si pensaras positivamente, todo iría bien. Cuelgas, corres a una librería y compras el último éxito de ventas sobre el pensamiento positivo. Lees y te quedas tan confuso que no puedes ver con claridad. Con una determinación fanática, vuelves a sacar tu mapa de Nueva York y te pierdes en las calles de Chicago, y sigues buscando hasta el agotamiento.

Tu plan L.A.M.P. no es más que un mapa para el éxito. Funcionará bien siempre y cuando sea el mapa correcto. Pero si tienes el mapa equivocado, por mucho que lo intentes, jamás llegarás adonde quieres ir.

La próxima vez que te encuentres frustrado, exhausto, después de haber trabajado hasta el agotamiento sin ningún resultado, no intentes definir tu actitud o tu ética de trabajo. Define tu mapa. He aquí algunas preguntas que te ayudarán:

- ¿Es presentable tu deseo?

¿Persigues lo que quieres o persigues lo que no quieres? ¿Has sido lo bastante específico en tu definición? ¿Puedes controlar lo que deseas? Ya conoces el ejercicio. Si no lo recuerdas, vuelve a los pasos enumerados en el capítulo 4 y asegúrate de que tu deseo sea presentable.

- ¿Acaso este deseo es lo más importante en que te puedes centrar en este momento?

Quizá tus prioridades han cambiado.

- ¿Merece realmente la pena este deseo?

Quizás el precio es más alto de lo que habías pensado, o la recompensa no es tan grande como imaginabas.

- ¿Cómo sabrás que se te ha otorgado tu deseo?

Quizá ya tienes lo que querías pero no te has percatado.

- ¿Has cumplido con los objetivos fijados?

Quizá tus objetivos son poco realistas, o puede que no sean los objetivos correctos.

- ¿Puede llevarte tu plan L.A.M.P. —tu mapa— adonde quieres ir?

¿Puedes llevar a cabo todos los pasos de tu plan? Cuando hayas completado todos estos pasos, ¿se cumplirán tus deseos? ¿Te has dado suficiente tiempo? ¿Te has dotado de suficiente dinero? ¿Te has dotado de todos los otros recursos que necesitarás? Si tu razonamiento no funciona o si tus números no cuadran, date un respiro. Revisa tu plan.

- ¿Qué es lo que debes hacer de manera diferente?

Si lo que haces no funciona, y no dejas de intentarlo, sólo conseguirás los mismos resultados. Si quieres resultados diferentes, aborda el problema de otra manera.

Cuando te das el tiempo para definir tu mapa, te das una oportunidad para realizar cualquier ajuste necesario con el fin de mantener tu rumbo. Reafirmas tu compromiso con tu deseo. Te permites un respiro y vuelves a tu deseo más despejado y renovado. Vuelves a centrar tus esfuerzos de modo que todos tus recursos entren en juego para solucionar las dificultades. Y, lo más importante, te procuras el tipo de motivación que sólo nace de la certidumbre, la certidumbre de que tus iniciativas prosperarán.

17

Fluir con la corriente

Algunas personas dicen que la única manera de que hagas realidad tus deseos es trabajar con tesón. Otras dicen que la única manera de que hagas realidad tus deseos es fluir con la corriente. Estos dos consejos parecen contradecirse mutuamente. Pero no son una contradicción sino una paradoja.

¿Recuerdas *Kung Fu,* la serie de televisión? Un personaje de habla pausada llamado Caine viajaba por el lejano Oeste, sin objetivo definido ni destino fijo. Se limitaba a fluir con la corriente. Durante los cuarenta y cinco minutos que dura cada episodio, la corriente le obliga a luchar. Aplasta unas cuantas cabezas, dispensa algún consejo sabio y luego se pierde camino al próximo episodio. Es bastante superficial, pero nos puede enseñar muchas cosas acerca de la paradoja de fluir con la corriente.

Caine no era precisamente un universitario enajenado que decide renunciar a la dura carrera de la competencia, tallarse una flauta y pasar el resto de su vida viviendo de la tierra. Era un sacerdote shaolin, y se había pasado su juventud entrenándose física, mental y espiritualmente en los antiguos y duros rituales del templo shaolin. Al llegar a la edad adulta, era capaz de lo que los filósofos orientales llaman «buena acción espontánea». Caine podía permitirse fluir con la corriente porque estaba preparado para cualquier cosa que esta arrastrara consigo.

He ahí la paradoja. Caine podía fluir con la corriente sólo porque se había esforzado tanto preparándose para ello. Se había preparado para cualquier contingencia que la vida pudiera depararle, y eso le permitía tomar el mundo tal como era. Se había convertido en el tipo de persona para quien la decisión correcta se insinúa naturalmente, de modo que podía ceder a su naturaleza sin temer las consecuencias. Caine podía confiar en sus instintos sin temer los resultados porque había forjado aquellos instintos a través de una intensa autodisciplina. Confiaba en actuar correctamente porque se había forjado como un ser para quien actuar correctamente era una reacción natural.

Tú puedes hacer lo mismo. Si te quieres pasar el resto de tu vida haciendo lo que te parece natural, primero tienes que crear el tipo de naturaleza que te aportará lo que deseas. Tienes que forjar los hábitos mentales, corporales y espirituales que te permitirán hacer realidad tus deseos. Tienes que convertirte en el tipo de persona que se deja llevar por el flujo ahí adonde quiere ir, como un actor que se sabe tan bien su papel que no tiene que preocuparse de qué decir sino, sencillamente, de actuar. En ese momento, tus deseos se convierten en una expresión natural de ti mismo, y realizar aquellos deseos se vuelve algo tan natural como respirar.

Cuando te das el tiempo y realizas el esfuerzo para este tipo de entrenamiento, te preparas a ti mismo para disfrutar de las recompensas más gratificantes que la vida te ofrece. Te preparas para tomar la vida tal como es. Te preparas para relajarte y dejar que tus instintos asuman el mando. Te preparas para fluir con la corriente. Sólo recuerda que tienes que trabajar tan intensamente como un sacerdote shaolin.

18

La lucha

Cuando trabajas intensamente para hacer que un deseo se cumpla pero nada te favorece, tarde o temprano te preguntarás: ¿Por qué tengo que trabajar tanto para conseguir lo que deseo? ¿Por qué la vida es una lucha tan dura?

La entropía

Encontraremos una respuesta útil a esas preguntas observando un fenómeno natural que los físicos llaman entropía. Piensa en la entropía como la tendencia de todas las cosas a deteriorarse. La pintura se borra de las paredes de los edificios. El hielo se derrite. Las montañas más altas se convierten en colinas onduladas. Los puentes se oxidan. En los caminos salen baches. Incluso las pirámides antiguas más grandes, con el tiempo se convertirán en polvo. Esta tendencia de las cosas a consumirse se encuentra en el corazón del universo natural. Por lo tanto, no es de extrañar que esta misma tendencia exista en el corazón de nuestras propias vidas.

Piensa en ello. Hay más posibilidades de que las cosas funcionen mal de que funcionen bien. Es mucho más fácil perder tiempo que dar al tiempo un uso productivo. El dinero se nos escurre entre las manos más rápidamente de lo que podemos acumularlo. Es mucho más fácil permitirse ser obeso que mantener una excelente condición física. La entropía significa que podemos malgastar nuestros días, que se convertirán en meses y años y que, antes de que nos percatemos, habremos llegado al final de nuestras vidas sin haber logrado nada más importante que nuestra propia supervivencia. Luchamos contra la entropía todos los días de nuestra vida. Y por eso desear es tan importante.

El deseo es lo contrario de la entropía. El deseo consigue reunir las cosas en un todo; la entropía las descompone. El deseo es un principio organizador; la entropía es un principio desorganizador. El deseo nos permite centrar nuestro tiempo, nuestra energía y nuestro talento en lo que más queremos conseguir, en lugar de permitir que estos recursos inapreciables desaparezcan. El deseo supera a la entropía al reemplazar las infinitas distracciones de la vida cotidiana con una finalidad. Luego, nuestro tiempo y esfuerzo tenderán a cumplir con esa finalidad, en lugar de malgastarse en las trivialidades de la vida cotidiana.

Mientras que la entropía sólo deja pasar el tiempo, el deseo hace de nuestro tiempo un instrumento útil. Mientras que la entropía nos arranca la vida, el deseo nos infunde significado, energía y un sentido de nuestra misión. Mientras que la entropía disipa nuestro tiempo y esfuerzo hasta que no nos queda nada, el deseo invierte estos recursos en un trabajo significativo para que podamos mostrar un producto.

Cuando formulamos un deseo, invertimos el proceso de la entropía. Centramos nuestro tiempo, nuestra energía y nuestro talento en lo que queremos lograr, en lugar de malgastar nuestras vidas. Aceptamos el hecho de que la vida es una lucha y, por lo tanto, nos liberamos de la pregunta «¿Por qué?», y empezamos a preguntar: ¿Qué puedo hacer para remediarlo? Cuando ya no nos fijamos en las cosas pequeñas, nos damos la posibilidad de centrarnos en las cosas que realmente importan.

Nos otorgamos a nosotros mismos el poder para hacer cumplir nuestros deseos.

Los beneficios de la lucha

Ahora que entiendes por qué la vida es una lucha constante, piensa en lo que esa lucha representa para ti.

La lucha te brinda la oportunidad de superarte. Todo lo que constituye tu persona es el producto de tu propia vida. Y es muy probable que hayas tenido que luchar por ello. No naciste sabiendo caminar, ni hablar, ni siquiera pensar. Tuviste que cultivar estas habilidades. No las aprendiste sencillamente, tuviste que ganártelas. Al luchar para dominarlas, te convertiste en el tipo de persona para quien esas habilidades eran posibles.

Imagínate qué habría sucedido si no hubieras tenido que luchar. Imagínate que el día que ingresaste en el instituto te hubiesen otorgado el poder para disponer de cualquier cosa que quisieras de la vida, sin tener que ganártela. Si así hubiera sido, hoy día no serías ni mental, ni emocional ni físicamente más capaz de lo que eras a los quince años en el instituto. No tendrías ninguna de las capacidades que tienes actualmente. No tendrías el éxito. No tendrías ninguno de los fracasos, ni tampoco habrías aprendido esas valiosas lecciones que te aportaron esos fracasos. Serías un caso típico de lo que los psicólogos llaman desarrollo detenido. Literalmente, no serías la persona que eres hoy día. No tendrías los conocimientos que tienes, ni tendrías la madurez. No tendrías la tranquilidad mental, ni siquiera tendrías la misma personalidad.

Es de agradecer que el mundo no funcione de esa manera. En la vida real, tenemos que ganar lo que aprendemos. En el proceso de aprender, nos convertimos en personas mejores y más realizadas. Somos más capaces porque cuanto más hemos logrado, más podemos lograr. Los expertos le llaman a esto bucle de regulación autónoma positivo. Los demás lo llamamos desarrollo personal. Y ese desarrollo es la recompensa que obtenemos por luchar.

La lucha nos hace más fuertes. La lucha nos hace mejores. La lucha nos convierte en lo que somos. Sin lucha, jamás nos veríamos obligados a superar nuestros límites, a dar más de nosotros mismos, a alcanzar todo nuestro potencial. Jamás nos veríamos obligados a buscar lo mejor de nosotros mismos y a encontrarlo. Sin lucha, jamás seríamos el tipo de personas que pueden hacer realidad sus deseos.

19

Las actitudes

Hemos escuchado una y otra vez la misma sentencia: la actitud lo es todo. Es difícil leer un libro de autoayuda sin topar con algún lugar común sobre las actitudes. Lo mismo sucede con ciertos talleres y cintas de material divulgativo, donde no es raro escuchar algún sermón sobre la actitud. Y cuando leemos relatos sobre el éxito de personas que han conseguido lo que quieren de la vida, ejemplo tras ejemplo, relato tras relato, la actitud emerge como diferencia única y crucial entre aquellos que consiguen lo que quieren en la vida y aquellos que no lo consiguen. Por donde miremos, descubriremos pruebas del poder de la actitud. Sin embargo, ¿nos convencemos alguna vez de ello?

Mira a tu alrededor. ¿Cuántas personas conoces que tienen sistemáticamente una buena actitud? ¿Y si invertimos los términos? ¿Cuántas personas conoces que tienen mala actitud? ¿Cuántas personas conoces que se quejan? ¿Que son infelices? ¿Cuántas personas ansiosas, preocupadas o crónicamente asustadas? Todas estas condiciones son ejemplos de mala actitud. En todas ellas se adivinan heridas autoinfligidas que, a su vez, infectan todo lo que tocan. Y todas tienen algo en común, a saber, que tienden a crear lo que habían anticipado. En otras palabras, solemos recibir de la vida lo que esperamos, y lo que esperamos está definido sencillamente por una cuestión de actitud.

En otras palabras, tu actitud influye en la eficacia que demostrarás en lograr que tu sueño se cumpla. Una buena actitud arrojará buenos resultados. Una actitud mediocre arrojará resultados mediocres. Una pésima actitud arrojará pésimos resultados.

Dicho esto, ¿qué puedes hacer si resulta que tienes una mala actitud? ¿Acaso puedes chasquear los dedos y cambiar tu actitud de mala a buena? Algunos gurus de la autoayuda quisieran que creyeras precisamente eso. Y, hasta cierto punto, tienen razón. Puedes cambiar tus acciones con un mero chasquido de los dedos. Puedes modificar tu expresión, tu postura, incluso el objeto de tu pensamiento. Y cuando cambies estos aspectos, cambiará tu actitud.

Sin embargo, el problema de muchas personas es más profundo. En determinados momentos, la mayoría de las personas no suelen pensar en la actitud. Nuestra actitud es sencillamente una cuestión de hábito, al igual que la postura y la respiración, y la damos por sentado, como hacemos con cualquier otra costumbre. Podemos cambiar nuestras actitudes, si lo pensamos detenidamente, así como podemos cambiar nuestra postura y nuestra respiración. Pero, abandonados a nuestros propios mecanismos, activamos el piloto automático y adoptamos la misma actitud de siempre. Reaccionamos ante el mundo tal como nos hemos programado, y seguimos obteniendo los mismos resultados. A menos que cambiemos nuestra programación, es decir nuestros hábitos, jamás cambiaremos nuestros resultados.

Para cambiar tus actitudes habituales, tienes que cambiar tus hábitos mentales y tus pautas de acción. Tienes que cambiar tu manera habitual de reaccionar frente a las circunstancias. ¿Cómo? De la misma manera que has aprendido todo lo que sabes hacer, es decir, mediante la repetición y la práctica.

Piensa en tu actitud como una competencia, en lugar de

pensarla como una emoción. No puedes controlar tus emociones, al menos no directamente, pero puedes controlar lo que
haces y lo que piensas. Por lo tanto, en lugar de centrarte en
tus sentimientos, céntrate en lo que tienes que hacer y pensar
para producir los resultados que quieres, de la misma manera
que aprendiste a montar en bicicleta o a lanzar un disco vola-
dor. A su vez, tus acciones y tus pensamientos marcarán el tono
de tus emociones y, por lo tanto, tu actitud.

No te preocupes acerca de sentirte positivo. Concéntrate
en actuar de forma positiva y pensar positivamente. Acostúmbrate a actuar y pensar de manera positiva en lugar de hacerlo
negativamente. En lugar de llorar sobre la leche derramada,
límpiala. En lugar de compadecerte de ti mismo, haz algo para
remediarlo. No te preocupes de cómo te sientes, preocúpate
de lo que haces y piensas.

Al comienzo, puede que esto no se produzca de forma natural. Ahora bien, ninguna competencia se adquiere con naturalidad. Recordarás que cuando aprendiste a escribir, no era
algo natural. Y lo mismo sucedió con la lectura. Y con la bicicleta. Sólo cuando practicaste estas competencias sistemáticamente se convirtieron en una segunda naturaleza. Se volvieron
tan mecánicas que ya no tenías que pensar en lo que hacías.
Simplemente lo hacías.

Puedes conseguir lo mismo con tu actitud. No dejes de
pensar positivamente y actuar positivamente hasta que se convierta en una segunda naturaleza. Por ejemplo, a partir de
ahora, piensa en los problemas que encuentras como una posibilidad de practicar tu capacidad de solucionar problemas. La
próxima vez que te enfrentes a una crisis, pon en práctica la
habilidad de centrar tus pensamientos en la solución en lugar
de centrarlos en el problema. No se necesita ser un genio para
señalar lo que no funciona (y es lo que hace la mayoría), pero
sólo la gente que tiene éxito pasa a la acción para remediarlo.

Si empiezas a pensar y actuar de esa manera, todo lo demás vendrá por añadidura. Y, antes de que te percates, convertir tus deseos en realidad te parecerá la cosa más natural del mundo.

Proceso L.A.M.P. Paso 4

Persistir

20

La persistencia

¿Cuántas veces intentará un bebé dar sus primeros pasos antes de abandonar?

Los bebés no saben abandonar. No conocen la diferencia entre éxito y fracaso. No entienden de autodisciplina. No saben nada de la valentía. Sólo saben lo que quieren y no paran hasta conseguirlo. ¿Qué pasaría si te tomaras la vida de la misma manera?

Conseguir lo que quieres se reduce a una sola palabra: persistencia. Por muy presentable que sea tu deseo, o bueno que sea tu plan, por mucho trabajo que le hayas dedicado, tu éxito dependerá en última instancia de la persistencia. ¿Estás dispuesto a llegar al final? Entonces, tendrás éxito. ¿Estás dispuesto a resistir cuando otros abandonan? Entonces tendrás éxito. ¿Estás dispuesto a perseguir lo que quieres hasta conseguirlo, por mucho que tardes? Entonces tendrás éxito. El éxito pertenece a quienes se niegan a conformarse con menos. Si persistes hasta conseguir lo que quieres, siempre conseguirás lo que buscas.

No hablo del tipo de persistencia del macho que aguanta a cualquier precio, consejo que solemos leer en la mayoría de los libros de autoayuda. Deja que otros se preparen a crecer como poderosos robles. Los robles suelen quebrarse como cerillas cuando el viento arrecia.

La persistencia que yo postulo es aquella que sobrevive a

todos sus obstáculos. Armado con esa persistencia, te doblas como una caña ante el viento. Y cuando el viento pasa, tú permaneces. Tu finalidad permanece. Y tu deseo prevalece.

Comparado con la persistencia, tus habilidades, tu inteligencia y tu talento no pesan demasiado. La persona más hábil, si renuncia, siempre acabará a la zaga del inepto que no renuncia. La persona más inteligente, si abandona, siempre acabará detrás de la persona normal y corriente que persevera. La persona con más talentos, si abandona, siempre acabará detrás del menos talentoso que no abandona. Hasta la persona más dotada, si renuncia, acabará detrás de alguien, de cualquiera, que siga adelante.

Tener fe

La razón más habitual por la que abandonamos es que ya no creemos en lo que hacemos. O no creemos que nuestro esfuerzo pueda rendir sus frutos, o no creemos que el éxito merezca nuestro esfuerzo. En cualquier caso, una vez que perdemos la fe, perdemos la voluntad para seguir adelante.

¿Y quién nos lo puede reprochar? ¿Por qué plantar un jardín si no creemos que rendirá frutos? ¿Por qué construir una casa si no creemos que nos proporcionará abrigo? ¿Por qué asumir un sacrificio personal si no creemos que nuestros esfuerzos tienen una posibilidad de éxito? ¿Por qué levantarnos por las mañanas si no creemos que el día traerá consigo algo valioso? Sin fe, no habrá esfuerzo. Sin esfuerzo, no habrá resultados.

La fe es el fundamento de la persistencia. Sin fe, no hay motivo para realizar una tarea. Con fe, no hay motivos para abandonar.

Cada vez que te veas tentado de renunciar a un deseo, formúlate estas preguntas:

1. ¿Tengo fe en que puedo convertir este deseo en realidad?
2. ¿Creo que este deseo merece el esfuerzo?

Si en cualquiera de los dos casos la respuesta es no, tienes que cultivar tu fe antes de que puedas trabajar eficazmente en tu deseo. La fe engendra persistencia. La persistencia es la causa del éxito.

21

Los asesinos de deseos

A estas alturas, el mundo se ha volcado por ti. Has mantenido el rumbo fijo sobre tu deseo; has emprendido la acción adecuada; sabes gestionar tu progreso; y estás preparado para persistir en tus esfuerzos hasta convertir tu deseo en realidad.

Sin embargo, puede que aún existan fuerzas en tu interior capaces de obstruir o, incluso, imposibilitar tu éxito. Yo las llamo asesinas de deseos porque, si no las vigilamos, es precisamente lo que pueden hacer.

El miedo

El principal asesino de deseos es el miedo. El miedo es un deseo negativo. Cuanto más te centras en tu miedo, más posibilidades existen de activarlo.

La mente humana no distingue entre una imagen mental de algo que deseas y una imagen mental de algo que intentas evitar. Cuanta más claridad contenga la imagen de lo que quieres, más trabajará tu mente para procurártelo. Cuanto más claridad contenga la imagen de lo que quieres evitar, más trabajará tu mente para evitártelo. Tu mente hará lo posible por reproducir cualquier cosa que imagines sistemáticamente en tu fuero interno. A menos que desees que tus temores se cumplan, piensa en otra cosa.

Yo aprendí esa lección a temprana edad. Al igual que muchos niños, tenía miedo de las inyecciones, de modo que tenía que controlar mi pánico cuando mi madre me llevaba al médico. Aprendí a pensar en cosas que me hacían disfrutar, como Disneylandia, los regalos de cumpleaños y los helados de chocolate, cualquier cosa con que lograra abstraerme de lo que estaba a punto de suceder. Era un truco muy infantil, pero funcionaba. Todavía funciona, para todo tipo de temores. Y ahora sé por qué.

Cuando tenemos miedo, la película que pasamos mentalmente será probablemente una presentación espectacular y aterradora de lo que tememos. Reaccionamos ante esas imágenes de la misma manera que reaccionaríamos ante una película de terror, con palmas sudorosas, tripas tensas y un corazón disparado. Cambia la película, y cambiarás tu reacción.

No pretendo aconsejarte que niegues tu temor o que lo barras bajo la alfombra. No sugiero que intentes minimizar el peligro o el malestar de lo que te provoca miedo. Sólo sugiero que pienses en otra cosa. Carga otra película en el proyector y observa qué sucede.

Por ejemplo, ¿qué harías si te encontraras ante un programa desagradable en la televisión? Seguro que cambiarías de canal. Puedes hacer exactamente lo mismo cuando eres el observador de un programa desagradable en tu propia mente: puedes cambiar de canal y mirar otra cosa.

Cuando algo te provoca miedo, te imaginas las cosas que no funcionarán bien. Si quieres cambiar el canal, imagínate lo que funcionará bien. En lugar de imaginarte lo peor que puede suceder, imagínate lo mejor. En lugar de imaginar el dolor, imagínate el beneficio. En lugar de imaginar lo que puedes perder, piensa en lo que puedes ganar.

Cuando cambias la película que miras mentalmente, cambias tu reacción emocional. Conviertes tu miedo en emoción, tu terror en anticipación, tu inhibición en acción. Puedes lograr todo esto sencillamente cambiando tu película mental.

¿Acaso es tan fácil? Sí y no. Las películas que te pasas mentalmente son un hábito. Cambiar una de estas películas es tan difícil, o tan fácil, como cambiar cualquier otro hábito.

Ya sabes cómo cambiar tus hábitos. Sabes cómo utilizar la visualización, la afirmación, los pre-recuerdos y el Plan de treinta días. Así que, adelante, utiliza estos instrumentos para enseñarte a ti mismo un nuevo hábito, el hábito de pasar una película diferente, una película en la que te imaginas lo que tienes por ganar en lugar de lo que tienes por perder. Con este nuevo hábito, tu miedo perderá su poder sobre ti para siempre.

Pensar como víctima

El segundo asesino de deseos es pensar como víctima. Como lo define el diccionario, una víctima es «alguien perjudicado, persona que padece a causa de algún acto, condición o circunstancia».

¿Conoces a alguien a quien no pueda aplicarse esta descripción? Todos somos víctimas de algo (el crimen, la pobreza, una minusvalía, la discriminación, un hogar roto, un jefe insoportable). Sin embargo, las únicas víctimas verdaderas son las personas que piensan como tales.

La vida es como una gasolinera autoservicio. Te puedes quedar sentado en el coche y tocar el claxon, o puedes llenarte el depósito tú mismo. Nadie toca el claxon tanto rato, ni tan fuerte ni con menos efecto que una víctima.

Es fácil pensar como víctima. Para empezar, procura bienestar. La víctima se siente exenta de responsabilidades. Al no ser responsable de lo que le sucede, se supone que no puede hacer nada para remediarlo. Cuando las cartas están en contra de ella, no tiene más alternativa que abandonar, de modo que jamás tiene que enfrentarse a la presión de jugar para ganar. Sin embargo, nunca le falta algo que hacer. Es capaz de ocupar hasta el último momento libre con los recuerdos amargos de su infortunio. Por desgracia, jamás puede realizar un deseo.

Cuando piensas como víctima, te transformas de causa en efecto. Nada puede exterminar más rápidamente un deseo que eso. Cuando culpas al mundo, pierdes el poder para cambiarlo. En nombre de lo que no puedes reparar, sacrificas lo que sí puedes reparar.

Lo que importa en la vida no es lo que te sucede sino lo que tú decides hacer con ello. Todos somos víctimas de fuerzas que escapan a nuestro control. Las personas que obtienen lo que quieren de la vida se centran en las fuerzas que son capaces de controlar. Toman la decisión de vivir como causa y no como efecto.

Si quieres ser una causa en tu propia vida, no pienses como un efecto. En lugar de preocuparte de las cartas que te han dado, juega con ellas. En lugar de preguntar: ¿Por qué yo?, pregunta: ¿Qué haré para salir adelante? En lugar de sentir compasión de ti mismo, niégate a conformarte con menos de lo que quieres.

El mundo te debe sólo lo que estás dispuesto a cobrar. La mejor manera de cobrar es conseguir que tus deseos se hagan realidad.

22

El mito de la autodisciplina

El éxito nace de la pasión, no de la autodisciplina. No quiero decir que la autodisciplina no sea importante, sino precisamente lo contrario. La autodisciplina es la raíz del carácter, y el carácter es el fundamento de todo éxito perdurable. Los titulares de los periódicos y los libros de historia están llenos de grandes personajes que caen en desgracia porque no tienen carácter. Sin carácter, el éxito es insignificante.

Sin embargo, el carácter sólo es la plataforma de lanzamiento, no el cohete. El cohete es la pasión.

Las personas con éxito hacen lo que tienen que hacer, les guste o no. Esto es la autodisciplina. Las personas que tienen un éxito excepcional hacen lo que tienen que hacer porque les fascina. Eso es la pasión.

Si tienes que obligarte a realizar tu deseo, estás trabajando con el deseo equivocado. Mira a tu alrededor. Las personas que tienen un éxito absoluto no se dedican a cosas que detestan sino a algo que adoran. O al menos han aprendido a adorar lo que hacen.

Es fácil enamorarse de un efecto. Todos queremos ser ricos o famosos, o ser algo diferente en el mundo. El secreto está en enamorarse de la causa. Las personas que con más probabilidad tendrán éxito, independientemente de cómo midamos ese éxito, son las que se enamoran de los procesos que constituyen la causa de su éxito. Si te enamoras de esa causa, el efecto se desenvolverá solo.

Cuando estás enamorado de la causa, sigues el camino de la menor resistencia. Tus acciones se producen naturalmente. No tienes que ejercer una disciplina sobre ti mismo; no tienes que forzarte; ni siquiera tienes que motivarte. Sólo tienes que hacer lo que disfrutas haciendo. El hacer se convierte en su propia recompensa, y los resultados que deseas siguen de la misma manera que el postre sigue a una buena comida.

Cuando estás apasionadamente enamorado con el proceso de realizar tu deseo, te permites atesorar el momento, en lugar de esperar una lejana recompensa. De esto trata la vida. El mejor regalo que te puedes hacer a ti mismo es el de disfrutar de cada momento. ¿Por qué crees que a los regalos los llaman «presentes»?

La manera más fácil de reemplazar la pasión por la autodisciplina es cambiar la manera de pensar en lo que haces. En lugar de preguntarte: ¿Cómo puedo motivarme para hacer esto?, pregúntate: ¿Cómo puedo motivarme a disfrutar de esto? El secreto de la alegría consiste en encontrarla ahí donde mires y en buscarla en todas partes. Búscala en las tareas que harán realidad tu deseo. Búscala en la práctica. Búscala en los desafíos que enfrentas y en los problemas que tienes que solucionar. Búscala en el momento.

No intentes convencerte de que tienes que sentir esta alegría. Al contrario, imagínatela. Cambia tu película mental. Amplía tu zona confortable. En lugar de pasar una película que te muestra cuánto detestas lo que haces, pasa una película mostrando cuánto te fascina. Imagina que disfrutas de las cosas que harán de tu deseo una realidad, y no tardarás mucho en comenzar a disfrutarlas de verdad.

Puede que, al comienzo, esta nueva película te provoque cierto malestar, como cuando intentas adquirir un nuevo hábito. Pero sigue practicando, hasta que te parezca más natural pasar la nueva película que volver a la antigua.

Ahora, cuando pases tu nueva película, siente las intensas emociones que ya has asociado con tu deseo. Cualquiera que sea la profundidad de tu sentimiento por tu deseo, pronto la sentirás con cada paso que acerque tu deseo a la realidad. Cuando te permites asociar emociones positivas con cada paso que das, no tardarás en descubrir que llevas a cabo cada paso naturalmente, sin tener que disciplinarte para que así suceda. Cualquiera que sea el paso en que trabajes, sentirás la satisfacción emocional de trabajar en el conjunto de tu deseo. Cuando llegues a ese punto, hacer que tu deseo se convierta en realidad parecerá lo más natural del mundo, un producto de la pasión y la alegría, y no de la autodisciplina.

23

Respetar las pausas

En la música hay que respetar las pausas, no sólo tocar las notas. Para formular un deseo, tienes que hacer lo mismo. Tienes que darte a ti mismo momentos para relajarte, para no hacer nada, y darte un respiro antes de comenzar la próxima tarea.

Para persistir, primero tienes que resistir. Para resistir, de vez en cuando tienes que darte el tiempo para recuperarte. La naturaleza nos muestra el camino. Al intenso crecimiento del verano sigue la latencia del invierno. A la violencia de las tormentas sigue la calma. Las criaturas grandes y pequeñas trabajan durante el día y descansan por la noche. En todas sus manifestaciones, la naturaleza crea un equilibrio entre el esfuerzo y el descanso. Sería aconsejable introducir ese mismo equilibrio en nuestras propias vidas.

Incluso las máquinas se dan un respiro. A lo largo de la vida útil de una máquina, existe un equilibrio entre su funcionamiento y su mantenimiento. Si no mantenemos las máquinas (cambiar el aceite, recargar las baterías, lubricar los engranajes), el motor se quemará. Lo mismo sucede con las personas.

Las personas que tienen éxito a la larga no se permiten agotarse. Saben cómo recuperarse. Saben cómo relajarse. Saben respetar las pausas, no sólo tocar las notas. Tienen la disciplina para saber cuándo parar.

Es verdad. Tienes que parar. Cuando las cosas se ponen duras, las personas duras se detienen. Se dan un respiro. Ponen distancia entre ellos y la situación con el fin de elaborar una perspectiva novedosa. Recargan sus baterías para que puedan volver a la lid con más fuerza y más eficacia que nunca. No solemos leer acerca de esto en los libros de autoayuda. Las biografías de las grandes figuras no se detienen a describir estos momentos. Sin embargo, en el corazón del éxito, en el núcleo de todos los logros, siempre encontrarás pausas, no sólo notas.

No hay mejor ejemplo que el de Winston Churchill. Aquel hombre era un fenómeno de la naturaleza, sobrecargado de energía, incesantemente activo, imparable, una de las figuras de mayores logros en el siglo XX. ¿Cómo lo conseguía? Durmiendo una siesta todos los días. Incluso en los meses más trágicos de la Segunda Guerra, cuando las bombas caían noche a noche sobre Londres y toda esperanza parecía perdida para Gran Bretaña y, tal vez, para el conjunto de la civilización occidental, Churchill dormía su siesta. Y seguía activo cuando los demás estaban exhaustos. Se mantenía activo porque sabía cuándo parar.

Si te sientes estresado, deprimido o agotado, si estás a punto de abandonar, es probable que no sepas cuándo parar. Para hacer de tu deseo una realidad, tienes que saber medirte el pulso, y no agotarte. Tienes que respetar las pausas.

Cómo te das el descanso es asunto tuyo. Puede que sea saltando en paracaídas o practicando alpinismo. Puede que se trate de descansar en la hamaca toda la tarde, o de cocinar una tarta. O de mirar una película, leer un libro o pintar un cuadro. Cualquiera que sea la actividad adecuada, practícala. Hazlo a menudo. Agrégala a tu plan L.A.M.P. Las notas sin pausas no son música, sólo son ruido.

24

El seguimiento

Planifica el final

En una ocasión, asistí a un seminario donde uno de los ejercicios consistía en trepar por un poste de teléfono de quince metros, pararse arriba y saltar a un trapecio. El objetivo consistía en saber cómo vencer nuestros miedos, supuestamente sin matarnos (contábamos con un arnés para amortiguar la caída). A pesar de que le tengo terror a las alturas, no podía resistirme.

Para prepararme psíquicamente ante ese desafío, me imaginé el proceso desde el comienzo hasta el final con toda la claridad y precisión que tendría si ya fuese un recuerdo. Escalé el poste; me encaramé en la punta; salté al trapecio; practiqué todo una y otra vez mentalmente antes de realizarlo en vivo.

Y luego lo hice, justo como lo había imaginado. Escalé el poste; me encaramé en la punta; conservé mi equilibrio en medio de una fuerte brisa. Y salté sin problemas. Volé por el aire y alcancé la barra del trapecio como si fuera un gimnasta olímpico. Y luego sucedió algo curioso. Cuando mi cuerpo saltó al vacío, quince metros por encima del suelo, la fuerza del salto hizo que perdiera el asidero y soltara la barra. Y entonces caí.

El arnés me salvó, tal como estaba programado. Cuando los monitores me bajaron suavemente, sólo podía pensar en lo mal que lo había hecho. No había conseguido agarrarme. ¿Qué había fallado?

Nada falló. Conseguí exactamente lo que me había propuesto. El problema era que no me había propuesto lo suficiente. No había planificado el final.

Jamás se me había ocurrido que tuviese que realizar un esfuerzo especial para coger bien el trapecio. Había planificado la ascensión. Había hecho lo mismo con mi equilibrio sobre el poste. Había planificado el salto y cómo estiraría los brazos para alcanzar la barra. Lo que no había planificado era cómo agarrarme. No realicé el seguimiento mentalmente, de modo que no pude hacerlo físicamente.

Planifica tu final, o será el final de tu planificación.

Acaba tu plan

A veces, cuando te acercas al final de la realización de un deseo largo y trabajoso, sientes un impulso casi irresistible de parar y relajarte. Resiste. Es como aquella sensación agradable y cálida que se siente justo antes de dormirse en la nieve y morir por congelamiento.

Te he aconsejado que respetes las pausas, pero también te recomiendo que no cejes cuando te encuentras en la última vuelta de la carrera, cuando has empujado la roca casi hasta la cumbre del cerro, cuando estás a punto de realizar tu deseo. Si te relajas antes del final, puede que no acabes nunca. O puede que acabes segundo cuando te has propuesto llegar en primer lugar.

Si quieres relajarte, hazlo después de acabar y no un momento antes. ¿De qué sirve una embarcación a la que le falta una tabla del casco? ¿De qué sirve ser el corredor más veloz si no acabas las carreras, o el político más hábil si no llegas al final de una campaña? ¿De qué sirve ser el mejor cirujano del mundo si no terminas el trabajo con los puntos de sutura?

Ya has entendido. Acaba lo que has empezado.

Anticípate al próximo paso

¿Qué pasaría si cuanto más trabajes, mayores son las probabilidades de quedarte sin empleo? Esa es la posición en que colocas a tu subconsciente cuando te acercas al final de un deseo sin tener otro a la espera.

Al crear tu plan L.A.M.P., ya tenías en mente tu próximo deseo. En parte, tu seguimiento consiste en centrarte en ese deseo. No tanto como para distraerte de tu deseo actual, pero lo bastante para dejar que tu mente subconsciente sepa que hay mucho más trabajo esperando.

Esto no significa que no deberías darte un descanso entre dos deseos. Tómate una semana, o un mes, o un año. Recompénsate con unas vacaciones. Haz lo que tengas que hacer para recargar tus baterías. Entre tanto, en algún lugar de tu conciencia, ya sabes lo que viene a continuación.

Anticipa tu progreso

Una parte importante de saber cuál es el próximo paso consiste en anticiparte a tu propio progreso. A medida que la realización de tu deseo progresa, tus circunstancias cambiarán. A medida que cambien tus circunstancias, cambiará tu perspectiva, de la misma manera que un paisaje cambia a medida que subes un cerro. Cuanto más alto subas, más diferentes verás las cosas desde arriba. A medida que cambia tu perspectiva, puede que cambien tus necesidades. O tus objetivos. Puede que cambien tus posibilidades. De hecho, es posible que tú mismo cambies. Y que ese nuevo tú quiera cambiar su deseo.

Cambiar tu deseo podría significar revisarlo para beneficiarse de tus nuevas circunstancias, tu nueva perspectiva, o quizás algún nuevo conocimiento o experiencia que hayas tenido. O puede que signifique cambiar y abordar un deseo completamente diferente. Esto puede ser positivo si lo cambias por un deseo mejor. Puede ser negativo si lo utilizas como pretexto para abandonar.

La realización de un deseo, en sí misma, tiene su valor. Uno de los hábitos más útiles que podrás jamás desarrollar consiste en acabar lo que empiezas. Sin embargo, a veces tu objetivo se queda pequeño antes de realizarlo. La parte más sensible es decidir cuándo cambiar de caballos en la mitad del río, y cuándo no. Si tienes la tendencia a cambiar de deseos con demasiada rapidez, puede que nunca acabes lo que empiezas. Y, ya puestos, tal vez nunca acabes nada. Y si esperas demasiado para realizar un cambio deseado, y acabas realizando un deseo que ya no tiene valor para ti, estarás malgastando el tiempo que podrías utilizar mucho mejor en la consecución de otro deseo.

Un aspecto crucial de la gestión de tu progreso consiste en lidiar con los cambios y los desafíos que plantea tu progreso. Por ejemplo, imagina que tu deseo consiste en alcanzar la independencia financiera. A medida que progresas en tu deseo, ganas más dinero. A medida que ganas más dinero, el mundo comienza a tratarte de manera diferente. Incluso tus amigos no te miran de la misma manera. Quizá tú has cambiado, o quizás otros cambian en función de ti. Cualesquiera que sean las razones de estos cambios, si los percibes como desagradables, puede que comiences a sabotear tu propio progreso. A menos que estés preparado para ajustarte a los cambios generados por tu éxito.

Otro de los problemas que pueden surgir cuando comienzas a acumular riquezas es que te das cuenta de que necesitas más que dinero para llegar adonde quieres. Tal vez necesites un mayor sentido del logro, de la realización o del amor, cosas que no puede comprar el dinero. Tu deseo original ya no es suficiente para ti, de modo que tienes que modificarlo.

Otra variación sobre este mismo deseo es que, a medida que avanzas, comienzas a darte cuenta de que puedes ganar mucho más dinero de lo que jamás imaginaste. Las personas adineradas dicen que lo más difícil es ganar el primer millón de dólares. Lo que quieren decir es que cuando has ganado un millón de dólares, el mundo parece diferente. Tu perspectiva es distinta desde allá arriba. Tus contactos también lo son. Tu eres diferente. Sabes cómo ganar dinero, y las posibilidades que esto abre para ti son mucho mayores que cuando comenzaste tu aventura. Este cambio de la perspectiva tal vez requerirá una modificación de tu deseo.

El seguimiento correcto significa que no sólo planificas para el deseo, sino para los cambios surgidos del progreso en la consecución de ese deseo. Y conservas la flexibilidad no sólo para mantener el rumbo, sino también para cambiarlo cuando tiene sentido hacerlo.

25

La paciencia

De una u otra manera, casi todo lo que he hecho mal en mi vida ha sido el resultado de ceder al impulso de obtener una satisfacción inmediata. El síndrome de «lo quiero ahora» me ha causado más dolor que cualquier otra cosa imaginable.

Quizá hayas observado una tendencia similar en tu vida. ¿Alguna vez has respondido al impulso de querer enriquecerte rápidamente y luego has perdido hasta la camisa? ¿Alguna vez has decidido ir a una fiesta en lugar de acabar un trabajo pendiente para el día siguiente? ¿Alguna vez has comprado a plazos porque no podías esperar lo suficiente para pagar al contado, y luego descubriste que tus facturas subían tanto que parecía que pagabas más por los intereses que por el alquiler de tu casa? Si has hecho cualquiera de estas cosas, ya sabes de qué estoy hablando.

En una ocasión escuché la definición de «atajo» como la distancia más larga entre dos puntos. Es una estupenda manera de definir la satisfacción inmediata. Es mucho más difícil enriquecerse rápidamente que hacerlo a ritmo pausado. Es mucho más difícil ponerse al día con el trabajo cuando has dejado que se acumule que simplemente hacer lo que tienes que hacer en el momento previsto. Es mucho más difícil llegar a ser económicamente independiente cuando pagas intereses al banco por tu tarjeta de crédito que cuando ese mismo banco te paga intereses a ti por depositar dinero en una cuenta de ahorro.

Sin embargo, a pesar del sufrimiento que esto provocará, el impulso de satisfacer un deseo inmediato suele ser tan intenso que solemos olvidar el dolor que nos causará a la larga. Insistimos en vivir en nuestra casa de ensueños hoy, aun sabiendo que nos costará tres veces su valor en intereses. Insistimos en comer nuestro plato preferido ahora, a sabiendas de que tendremos que pasarnos mucho tiempo a régimen. Insistimos en divertirnos esta noche, a pesar de que sabemos que nos obligamos a trabajar mucho más duro mañana.

Si quieres convertir tus deseos en realidad, tarde o temprano tendrás que enfrentarte al deseo de la satisfacción inmediata. Lo fundamental al formular un deseo es la voluntad de pagar el precio para que ese deseo se cumpla. En parte, ese precio se pagará en forma de sacrificio. Y el sacrificio significa renunciar a los placeres de la satisfacción inmediata cuando esos placeres interfieren en tu deseo.

La paciencia

Puede que sea uno de los clichés más antiguos de la humanidad, pero la paciencia es verdaderamente una virtud. Realizamos nuestros mayores logros a lo largo del tiempo, con dedicación y perseverancia considerables. Ninguna de estas cualidades sería posible sin paciencia. «Todo se cumple para aquel que espera», dice el viejo proverbio. El secreto de la espera es la paciencia.

Sin embargo, en nuestra cultura es más probable que actuemos como si la impaciencia fuera una virtud. ¿Cuántas veces habéis escuchado a alguien afirmar: «¡No tengo paciencia!», como si estuviese orgulloso de revelar su defecto?

¿Cuántas veces vemos a personas que llevan su impaciencia como si fuera una medalla de honor? Sin embargo, la impaciencia no es más que sinónimo de satisfacción inmediata. Y nada podría ser más equivocado que alabar la satisfacción inmediata. Nada podría ser más destructivo para la felicidad, la realización y el éxito. Nada podría ser más perjudicial para un deseo.

A pesar de todo lo que despotricamos contra los vicios de la satisfacción inmediata, a pesar de cuanto moralizamos devotamente contra ella y de cómo la condenamos con fervor, lo único que realmente importa es encontrar un remedio. Paradójicamente, este está justo delante de nuestras narices. Siempre ha estado ahí. En la batalla contra la satisfacción inmediata, el arma más valiosa es la paciencia.

La paciencia es la capacidad de esperar un resultado, en lugar de insistir en que este resultado se produzca inmediatamente. La paciencia es la capacidad de esperar mientras todos los factores que no puedes controlar se ordenan para ayudarte a conseguir lo que no puedes hacer solo. Si realmente queremos curar la aflicción llamada satisfacción inmediata, lo único que tenemos que hacer es cultivar nuestra paciencia. ¿Pero cómo?

Podemos empezar reconociendo que la paciencia no es sólo una virtud, sino también una habilidad. Además, es una habilidad que podemos aprender, y que cualquiera puede dominar. Y la paciencia es una de las habilidades más agradables porque nos permite relajarnos, recuperar el control de nosotros mismos y restablecer un sentido de bienestar y equilibrio, aunque sea en medio del caos.

La paciencia te permite superar la confusión y el caos de una vida frenética y comprender que hay elementos muy por encima de lo que puedes dominar con tus propios medios. Si estás dispuesto a esperar estas fuerzas, o, en otras palabras, si eres paciente, ellas funcionarán a tu favor, en lugar de hacerlo en tu contra.

¿Y cómo se aprende la paciencia? De la misma manera que has aprendido todas las otras competencias que posees, es decir, a través de la práctica. Concretamente, practicas esperando.

La próxima vez que tengas que esperar algo, piénsalo como una práctica. No pienses en ello como una pérdida de tiempo sino como una manera de utilizar el tiempo a tu favor. Piensa en ello como si te estuviesen dando una oportunidad para desarrollar una competencia que, una vez dominada, te brindará la alegría y la tranquilidad con que, de otra manera, sólo podrías soñar.

Al adoptar la paciencia como fuente de fortaleza para que tus deseos se cumplan, y al adoptar la espera como una manera de desarrollar esa fuerza, los retrasos te estimularán, los fracasos te fortalecerán y el tiempo (tal vez por primera vez en tu vida) finalmente estará de tu lado.

26

El despertar

Algunos animales se pasan la vida atrapados en el ciclo de los instintos. Cuando tienen hambre, comen. Cuando tienen miedo, corren. Cuando llega el momento, se aparean. Cuando están irritados, atacan. Viven de la manera como sus genes y su entorno los ha programado porque no tienen alternativa. Pero nosotros sí la tenemos.

Nosotros también estamos programados por nuestros genes y por nuestro entorno. Pero podemos trascender a nuestra programación. Hemos sido dotados del asombroso poder de no sólo responder a lo que el mundo nos presenta, sino también de elegir nuestra respuesta. Podemos literalmente programarnos a nosotros mismos.

Somos la única especie animal que ha sido dotada de lo necesario para que la vida sirva a sus propios fines en lugar de servir a los fines que le han legado. Podemos romper la cadena de acontecimientos que nos han conformado y aprender a formarnos a nosotros mismos. Hemos sido dotados del extraordinario poder de participar en nuestro propio destino.

Y ni siquiera hay una de cada diez personas que sepa esto.

Al igual que los elefantes, desconocemos nuestra propia fuerza. Cuando se trata de que las personas entiendan el increíble poder que poseen para crear una diferencia en sus vidas, es como si estuviesen dormidos.

La alternativa

¿Cuál es el secreto de este increíble poder? Otros animales viven tal como están programados porque literalmente no tienen alternativa. Están controlados por el proceso de estímulo y respuesta. Pero para los seres humanos hay una pequeña brecha entre el estímulo y la respuesta. En esta brecha se nos ha concedido el poder para ejercer la característica más humana que tenemos, a saber, el poder de elegir.

El poder de elegir es el elemento fundamental de todo éxito humano y de todo fracaso humano. Es el poder que nos da la capacidad (y la obligación) para hacer de nuestras vidas lo que queramos.

Podemos ejercer este poder consciente y deliberadamente, o podemos actuar como si no existiera. Podemos fingir que no tenemos alternativa. Pero sólo podemos fingir, porque no podemos escapar a nuestra obligación de elegir más de lo que podemos escapar a nuestra obligación de respirar. Incluso cuando nos negamos a elegir, optamos por la alternativa de no elegir.

Te agrade o no, tendrás que tomar tus propias decisiones en la vida. Tus circunstancias jamás te obligarán a actuar. Sólo te obligarán a elegir. Y serán tus alternativas, no tus circunstancias, las que te forjen como individuo. Puede que no te gusten tus alternativas. Puede que no te guste elegir. Pero, al final, tienes que elegir, y eso es lo que harás. Elegirás qué tipo de persona quieres ser y qué tipo de vida quieres llevar. Aprender a desear es sencillamente lograr que tus opciones funcionen a favor tuyo en lugar de hacerlo en tu contra.

De modo que, si quieres que tus deseos se hagan realidad, despierta a esta pequeña brecha entre el estímulo y la respuesta. Despierta al poder que tienes de optar. No me refiero a las alternativas que te han legado la sociedad, tu familia o tu empleo, sino las alternativas que en el fondo de tu corazón quieres elegir para ti mismo. Si de verdad quieres que tus deseos se cumplan, despierta a tu propia fuerza. Despierta al papel que desempeñas en tu propio destino. Despierta al poder que tienes de escoger lo que piensas, haces y dices.

Cuando entiendas que tu vida es lo que haces de ella por elección, despertarás a un mundo sorprendentemente nuevo. Al igual que un elefante que de pronto descubre que es el animal más grande y más malo de la selva, conocerás las posibilidades sin límite que te rodean. Sentirás inmediatamente una gran humildad y un gran poder. Humildad, porque la vida entera es un regalo. Y poder, porque te han dado el regalo más poderoso de todos, a saber, el poder de elegir.

Sin embargo, para sacar todo el provecho de este poder, tienes que despertar. Despertar es desarrollarse. Cuando niños, somos dependientes por naturaleza. Demasiado a menudo, cuando adultos, optamos por seguir siendo dependientes. Dependemos de los demás, o de las circunstancias, para que nos den lo que queremos, en lugar de asumir nosotros mismos esa responsabilidad. Sin embargo, cuando despiertas al poder de la elección, cuando te vuelves consciente de tu propia fuerza, te conviertes en una persona para siempre independiente. Cuando entiendes que puedes dotarte a ti mismo de lo que quieras, ya no te conformas con menos.

Despertar es como recobrar el sentido. Ves las cosas con más claridad que nunca antes. Tienes un mayor sentido de la libertad y un mayor sentido de la posibilidad. Tus limitaciones dejan de ser tales. Las ves por lo que son realmente, es decir, pesadillas. Pronto pierden el poder que tienen sobre ti, de la misma manera que una pesadilla pierde su perfil en el momento que nos despertamos. Te encuentras libre para elaborar pensamientos más útiles, soñar sueños más placenteros y convertir esos sueños en realidad.

La diferencia entre estar dormido y estar despierto es la diferencia entre tener un sueño y conseguir que ese sueño se haga realidad. Eso es lo que sucede cuando estás despierto. Este es el tipo de regalo que te puedes hacer a ti mismo cuando conoces tu propia fuerza. Este es el tipo de vida que puedes llevar cuando descubres tu poder para elegir y decides utilizarlo.

Conclusión

Ha llegado el momento de hacerte una pregunta. Es una de las preguntas más importantes que conozco. También es una de las más trascendentes. Es una pregunta con el potencial para cambiar tu vida a partir de este momento.

Ahora que conoces tu fuerza; ahora que sabes cómo es esa lámpara mágica que te dieron al nacer; ahora que sabes cómo conseguir que tus deseos se cumplan, ¿qué piensas hacer?

¿Conseguirás que tus deseos se cumplan o te conformarás con algo menos? ¿Estás dispuesto a convertir el Proceso L.A.M.P. en un hábito que te pueda brindar literalmente casi cualquier cosa que quieras durante el resto de tu vida? ¿O estás dispuesto a dejar que los próximos diez años transcurran de la misma manera que los últimos diez? No hay nada de malo en eso, si a ti no te importa encontrarte en la misma situación de aquí a diez años.

Si quieres que tus deseos se conviertan en realidad, tienes que tomar una decisión. Tienes que decidir si quieres ser causa o efecto. Tienes que decidir si quieres ser martillo o clavo. Tienes que decidir, cuando dejes este libro, si estás dispuesto a activar las causas de los efectos que deseas.

De ti depende. De todo corazón, desearía profundamente poder estirar la mano y pulsar un interruptor en tu cerebro que activara tu lámpara mágica y te cargara con suficiente energía para lograr que tus deseos se cumplieran por el resto de tu días. Pero no puedo. Sólo tú puedes pulsar ese interruptor. Solo tú puedes tomar esa decisión única que hará posible todo lo demás. Lo mejor que te puedo ofrecer al partir es esta idea:

El deseo da sus frutos, si tú lo quieres.

Presta tu ejemplar a un amigo

No hay nada más inútil que un libro abandonado en una estantería; no hay nada más poderoso que ese mismo libro en manos de alguien que sepa utilizarlo. Si crees que la lectura de *La lámpara mágica* merece la pena, presta tu ejemplar a un amigo o amiga. Hazlo circular. Úsalo hasta gastarlo. Deja que otros se beneficien de tu inversión como tú lo has hecho.

Historias de éxito

¿Qué te parecería si la próxima edición de *La lámpara mágica* recogiera la historia de tu éxito? Envía un correo electrónico describiendo tu deseo y contando cómo *La lámpara mágica* te ayudó a hacerlo realidad. Si tu historia es seleccionada, recibirás un ejemplar de la próxima edición firmada por el autor y actualizada con un nuevo capítulo donde se recogerán numerosas historias de éxito, incluyendo la tuya. Correo electrónico: LAMP@selfhelp.com

Las preguntas más frecuentes sobre cómo conseguir que tus deseos se hagan realidad

¿Cuál es la diferencia entre desear y definir objetivos?

Desear significa definir objetivos, pero definirlos con intensidad y profundidad. Los objetivos te pueden conducir adonde tú quieras, pero rara vez te dan la inspiración que necesitas para llegar al final. Desear es diferente. Desear tiene un impacto, como haber sido golpeado por un rayo en lugar de una luciérnaga. Desear te da la libertad para soñar, y luego te da la inspiración que necesitas para hacer realidad tus sueños. Desear proporciona la chispa emocional que puede convertir tu vida en un gran éxito.

¿Por qué no hay más personas que definen objetivos?

Todos establecemos objetivos, pero la mayoría no nos damos cuenta. Cada vez que planificas tus vacaciones y luego sales de viaje, defines (y alcanzas) un objetivo. Cada vez que decides que quieres comprar algo, buscar algo, intentar conseguir lo más barato y luego adquirirlo, defines (y alcanzas) un objetivo. Cada vez que haces la lista de la compra, vas al mercado, encuentras lo que buscas y vuelves a casa, defines (y alcanzas) un objetivo.

La mayoría no nos damos cuenta de que el mismo proceso que nos permite obtener lo que queremos en el supermercado también nos sirve para forjar la carrera profesional que queremos. La mayoría no nos percatamos de que el mismo proceso que nos permite salir y comprar un televisor también nos sirve para tener la casa que queremos, y los ingresos y las relaciones que queremos. La mayoría no nos percatamos de que el mismo proceso que nos permite salir de vacaciones también nos sirve para llevar una vida afortunada. La diferencia entre las personas con éxito y las personas que no tienen éxito no es si definen objetivos o no, sino si definen o no conscientemente sus objetivos y entienden el poder implícito en ello.

¿Qué pasa si no sé qué desear?

En ese caso, tu primer deseo sería definir lo que quieres desear. Es un deseo tan válido como cualquier otro y hará que todos tus otros deseos sean posibles. El secreto consiste en elaborarlo como un deseo formal. Aplícale el conjunto del Proceso L.A.M.P. Hazlo presentable. Elabora un plan L.A.M.P. para ello y aplícalo. Sigue trabajando en tu plan L.A.M.P. hasta que hayas realizado tu deseo. En ese momento, habrás tenido éxito en tu primer deseo, es decir, sabrás qué desear, y tendrás un segundo deseo preparado para seguir adelante.

¿En cuántos deseos debería trabajar simultáneamente?

Una respuesta breve sería «en todos los que puedas». Una respuesta más breve sería «en uno». Desear es un trabajo duro. Si lo haces demasiado duro, no tardarás en buscar otras maneras de pasar el tiempo. Cuando me preguntan en cuántos deseos trabajo simultáneamente, digo que trabajo en dos: uno para casa y otro para el trabajo. A muchas personas les cuesta creerme. Recuerdo un joven en uno de mis seminarios que tenía al menos cincuenta deseos a los que se aplicaba simultáneamente. Intenté explicarle, pacientemente, que no entendía lo que yo llamaba desear. Desear significa crear un plan L.A.M.P. Desear significa hacer tu deseo presentable. Desear significa elaborar informes sobre el progreso. Intenta hacer eso con cincuenta deseos a la vez y acabarás trepando por las paredes.

Cuando digo que trabajo en dos deseos a la vez, significa que me aplico a dos Procesos L.A.M.P. simultáneamente. Me vuelco por entero por dos deseos diferentes. Normalmente, se trata de deseos grandes, importantes. Al trabajar en ellos, otras cosas en mi vida encuentran su lugar en ese mismo espacio. La disciplina de trabajar seriamente en dos deseos, o incluso en un solo deseo, influye en todo lo que hago. Tiende a hacer de mí una persona más organizada y orientada por los resultados en todas mis actividades, pertenezca a mi deseo formal o no.

¿Cuál es la diferencia entre un deseo y una oración?

Una oración es algo que le pides a tu dios. Un deseo es algo que te pides a ti mismo.

Yo trabajé con el Proceso L.A.M.P. y no funcionó. ¿Qué hago ahora?

El Proceso L.A.M.P. dice que tienes que mantener el rumbo, actuar, gestionar tu progreso y persistir hasta que consigas lo que quieres. Por definición, no puedes decir «no funciona»; sólo puedes decir «abandoné antes de que pudiera funcionar». En otras palabras, no persististe hasta conseguir lo que querías.

El Proceso L.A.M.P. siempre funciona. Funciona porque está basado en uno de los principios fundamentales del universo: la ley de causa y efecto. Si activas la causa apropiada, el efecto se desenvolverá solo. Y no hay más que hablar. Esto es irrefutable. Si no hay efecto, es decir, si no consigues lo que quieres de la vida, te puedo asegurar que aún tienes que activar la causa adecuada. También te puedo asegurar que una vez que actives esa causa, automáticamente se producirá el efecto. El Proceso L.A.M.P. no puede fallar, como no puede fallar la ley de causa y efecto, porque el Proceso L.A.M.P. es una estrategia para utilizar la ley de causa y efecto en tu beneficio.

Si no consigues los resultados que quieres, no estás haciendo todo lo que tienes que hacer para conseguirlo. Por ejemplo, puede que tu deseo no sea del todo presentable. O quizá no te has dado suficiente tiempo, o puede que tu plan no te lleve adonde tú quieres ir.

Este último problema es uno de los más habituales. Por ejemplo, imagina que le has pedido a un amigo información para llegar a un determinado destino, y él te ha dicho que gires a la derecha, dos veces a la izquierda y luego recto hasta llegar. Si su información es incorrecta, jamás llegarás a tu destino. No es tan sencillo ir de aquí allá. Pero si su información es correcta, tienes que continuar hasta llegar a tu destino. Imagínate qué diría tu amigo si lo llamas a mitad de camino para decirle: «Tu información es incorrecta». Él se reiría, de la misma manera que se ríe un padre con un niño impaciente, y diría: «Has abandonado demasiado pronto. Tienes que seguir hasta llegar». Pero si tu plan no te conduce allí adonde quieres llegar, por mucho que trabajes, jamás lo conseguirás. Si no consigues los resultados que quieres, no abandones el proceso. Crea un plan que funcione y sigue trabajando hasta que tu deseo se haga realidad.

¿Cómo puedo saber cuándo mi plan no me llevará adonde quiero ir?

Tu primera advertencia es cuando te das cuenta de que tu plan no funciona. Puede que el propio plan tenga un defecto. O puede que no estés trabajando en él adecuadamente. O quizá tardarás más de lo que crees en llevar a cabo tu plan. Tal vez el plan funcione bien, pero no has creado los objetivos intermedios adecuados ni los informes sobre tu progreso, de modo que no puedes saberlo. Puede que estés ganando y no lo sepas porque no guardas un registro de los puntos.

En lugar de esperar a que un plan falle y se revele como inadecuado, te sugiero evaluarlo antes de que comiences a trabajar con él y que, más tarde, vuelvas a evaluarlo a intervalos regulares. Formula preguntas como éstas: si los ejecutas adecuadamente, ¿te conducirán los pasos que has diseñado adonde quieres ir? ¿Te has dado el tiempo necesario para adquirir las competencias necesarias y realizar las tareas definidas en tu plan? ¿Cuentas con suficiente dinero y ayuda para realizar tu plan? ¿Te intimida alguno de estos pasos? Si así es, jamás los superarás. Si, después de analizar tu plan, estás convencido de que funcionará, sólo tienes que realizarlo adecuadamente para que tu deseo se haga realidad.

¿Cómo puedo motivarme para trabajar en mis deseos?

¿Por qué se preocupa tanto la gente de la motivación? La motivación es algo que se tiene o no se tiene. No se puede crear, a menos que estés motivado. He ahí la clave. O estás motivado, o no lo estás. Si no lo estás, ¿por qué preocuparse?

Habría que agregar que, si no estás motivado, es porque no te importa lo suficiente para actuar. Si no estás motivado para actuar, ¿por qué preocuparse? ¿Por qué inquietarse y sumirse en la angustia cuando no tienes intención de actuar? Es preferible sencillamente aceptar quien eres y seguir así.

Es preferible seguir así con tu vida que vivirla en matices de gris, sintiéndote infeliz, pero no lo bastante como para remediarlo. Es como tener hambre, pero no tanto como para alimentarse a sí mismo. O tener sed, pero no lo bastante para beber un vaso de agua. O tener frío, pero no lo bastante para abrigarse. En realidad, no debe ser un estado mental demasiado agradable.

Piensa en ello de la siguiente manera: si no estás feliz con tu vida pero no estás dispuesto a hacer nada para remediarlo, es probable que no seas tan infeliz como crees. Para que las personas realicen un cambio en sus vidas tienen que alcanzar un umbral en el que su insatisfacción sea superior a su resistencia al cambio. Una vez alcanzado ese umbral, actúan. Pero si no lo alcanzan, no actuarán. Seguirán sin sentirse motivadas porque no tienen una razón suficiente para cambiar.

Y esto nos trae al quid del asunto. Si no estás motivado

para hacer algo, significa sencillamente que no tienes una razón de suficiente peso. Por lo tanto, no te preocupes por cambiar tu manera de ser, preocúpate por cambiar tus razones. Encuentra una razón de suficiente peso para hacer algo, y descubrirás que es lo más natural del mundo hacerlo.

Cuando dices que el deseo te puede dar cualquier cosa que quieras, ¿quieres decir, literalmente, «cualquier cosa»?

Sí, quiero decir cualquier cosa. Muchas personas se niegan a creer que pueden tener lo que quieran de la vida. Están tan profundamente condicionadas para pensar en las limitaciones que jamás piensan en las posibilidades. Jamás se permiten soñar.

Desear te da la libertad para soñar. Y luego te da el poder para convertir tus sueños en realidad. Sin embargo, tienes que cumplir con estos tres requisitos:

1. Tienes que estar dispuesto a pagar un precio por lo que deseas.
2. Tienes que estar dispuesto a persistir hasta conseguir lo que quieres.
3. Lo que quieres lograr tiene que ser humanamente posible.

Este último requisito es el pretexto que muchas personas suelen utilizar para justificar su fracaso. Se dicen que algo es imposible, de modo que no se molestan en intentarlo. Y si lo intentan, y no consiguen lo que quieren, llegan a la conclusión que debe ser imposible. Dejan que sus resultados determinen su convicción en lugar de dejar que su convicción determine sus resultados.

Si quieres que las cosas sucedan en tu vida, tienes que creer que un deseo es posible hasta que se demuestre lo contrario. Y recuerda que jamás puedes probar lo contrario. Puedes abandonar, pero no puedes demostrar que algo es imposible. Puedes demostrar que lo que has intentado no ha funcionado, pero no puedes demostrar que nunca funcionará.

Por otro lado, si piensas que algo es imposible, lo haces imposible para ti. A veces, todo el mundo hace lo mismo. Recordemos la milla de los cuatro minutos. Hasta mediados del siglo XX, los expertos decían que era imposible que un ser humano corriera una milla en menos de cuatro minutos. Década tras década, los mejores corredores del mundo les dieron la razón. Hasta 1954, cuando Roger Bannister rompió la barrera de los cuatro minutos. Pocos meses después de que había logrado esta proeza «humanamente imposible», varios otros corredores lograron lo mismo. Habían dejado de creer que era imposible, y eso es lo que había sucedido.

Sé que tengo que realizar algunos cambios en mi vida, pero no es fácil. ¿Cómo puedo motivarme a cambiar?

La respuesta es tan sencilla que puede que no la creas: para introducir cambios en tu vida, cambia tus hábitos.

Haces lo que haces porque estás acostumbrado. Para cambiar lo que haces, acostúmbrate a hacer otra cosa. Un capítulo entero de *La lámpara mágica* está dedicado al tema del cambio de hábitos (ver capítulo 7), pero, por ahora, piensa en lo siguiente: puedes cambiar cualquier hábito de la misma manera que lo has creado, es decir, mediante la práctica y la repetición. Para crear una conducta nueva, practícala hasta que se convierta en hábito.

Ahora, hablemos de la segunda parte de esta respuesta. Como seres humanos, hacemos lo que hacemos porque es placentero. Pero a menudo lo placentero no es bueno para nosotros (fumar, comer demasiado, etc.). Pensamos en un placer a corto plazo, en lugar de un beneficio a largo plazo. Para cambiar esta tendencia natural, cambia tu perspectiva. En lugar de hacer lo que te sienta bien, empieza a hacer lo que está bien, incluso cuando no parezca tan bueno. En lugar de tomar decisiones que dependen de tu estado de ánimo, tómalas basándote en lo que es importante para ti. En lugar de pensar sólo en lo que te gustaría hacer, piensa en las consecuencias de tus actos. ¿Acaso producirá los resultados a largo plazo que deseas? ¿O quizá te harán retroceder? Al final, tendrás que cambiar tus hábitos de todos modos, pero saber por qué lo haces y en qué sentido te favorecerá hace que estos cambios sean más fáciles de digerir.

Muchas de las cosas que hago son autodestructivas. ¿Cómo puedo cambiar eso?

Como seres humanos, es lo más natural del mundo que queramos hacer lo que nos gusta. Pero muchas cosas que nos gustan pueden ser autodestructivas (fumar, beber, enfadarse, comer demasiado, abusar de las fiestas, etc.). A veces, estas conductas autodestructivas son un síntoma de un problema psicológico, y deberíamos buscar ayuda profesional. Es más frecuente que nuestras tendencias autodestructivas sean hábitos que aprendimos antes de que supiésemos lo bastante para entender que estos hábitos son indeseables.

He ahí el remedio. Si una acción autodestructiva es un hábito que hemos formado antes de tener plena conciencia, la manera de cambiar ese hábito es adquirir plena conciencia. Piensa en lo que haces, en lugar de sólo hacerlo. Piensa en las consecuencias de tus actos, y decide si esas consecuencias merecen la pena. Si merecen la pena, entonces jamás cambiarás. Pero si no, actúa fundándote en esa información. Actúa como si realmente tuvieras plena conciencia. Actúa como si realmente estuvieses pensando en las consecuencias a largo plazo de tus actos. Si esta nueva perspectiva señala que tienes que realizar un cambio en algo que haces, entonces realiza ese cambio. Si tienes que eliminar un viejo hábito, elimínalo y crea uno nuevo. Ya sabes cómo crear nuevos hábitos, lo has visto en el capítulo 7 de este libro. Cuando hayas asumido el control de tus hábitos, verás que todo lo demás encaja en su lugar.

¿Por qué sigo haciendo cosas que me hacen retroceder en lugar de avanzar?

Mi teoría del éxito es sencilla: sea lo que sea que quieras de la vida, si activas la causa adecuada, el efecto se producirá por sí solo. Esta es la denominada ley de causa y efecto, y se aplica a la conducta humana de la misma manera que se aplica a todo lo demás en la naturaleza.

Las personas que tienen éxito tienen la tendencia a utilizar esta ley para que les favorezca. Las personas que no tienen éxito tienden a ignorar esta ley, o la desconocen del todo.

Nada me causa tanto asombro como ver cuántas personas piensan que pueden violar esta ley impunemente. Por ejemplo, las personas que fuman. Hay toneladas de pruebas que demuestran que fumar provoca enfermedades coronarias y cáncer de pulmón. Incluso las compañías tabacaleras están finalmente dispuestas a reconocerlo. Sin embargo, hay millones de personas que fuman, como si pensaran que los efectos negativos de fumar no se aplicarán en su caso. Es como si estas personas pensaran que se encuentran por encima de la ley de causa y efecto.

No son sólo los fumadores los que ignoran la ley de causa y efecto. De vez en cuando, todos lo hacemos. Todos hacemos cosas que sabemos nos perjudican, y creemos que podremos salir indemnes. Pero nunca sucede así. Puede que nunca veamos la relación entre la causa y el efecto (pensemos en la persona que siempre parece detestar a su jefe pero no puede entender por qué le cuesta tanto conservar un empleo). O puede que entendamos mal la causa (pensemos en el fumador, que culpa a la empresa tabacalera en lugar de verse a sí mismo como responsable). En cualquier caso, no podemos escapar a los resultados de nuestras propias acciones, aun cuando a veces no entendamos cómo aquellas acciones a la larga provocan nuestros resultados.

Al final, sucede lo siguiente: las personas que no tienen éxito en la vida son las que habitualmente activan las causas y efectos que no desean. Las personas que tienen éxito en la vida son las que habitualmente activan las causas de los efectos que sí desean.

Si te das cuenta de que retrocedes dos pasos por cada paso que avanzas, piensa en las causas que has activado. Piensa a dónde te llevarán esas causas. Piensa en cómo te conduces en una situación determinada, y cómo esa conducta, tal vez, te perjudica.

Por ejemplo, piensa en tus hábitos alimentarios, y lo que le estás haciendo a tu cuerpo, a tu salud y a tu nivel de energía. Piensa en tus hábitos de trabajo y lo que haces para favorecer tu progreso. Piensa en cómo te relacionas con otras personas y cómo esos hábitos afectan a tus relaciones. En cada caso, la pregunta que tienes que responder es: si sigo haciendo lo mismo que ahora, ¿es posible que consiga los resultados que deseo? Si la respuesta es no, entonces tendrás que activar causas diferentes.

No se trata de una ciencia de la cohetería. Tampoco se trata de la motivación, la determinación, el pensamiento positivo, ni de ninguna de las otras fórmulas mágicas propugnadas tan enérgicamente por la industria de la autoayuda. El éxito es sencillamente una cuestión de causa y efecto.

Si quieres saber si tienes éxito o no, piensa en tu vida y pregúntate: ¿He activado las causas de los efectos que deseo? Si la respuesta es sí, tienes que mantener el mismo rumbo y los efectos se producirán solos. Pero si la respuesta es no, entonces tienes una clave valiosa que te dice por qué las cosas no funcionan como quieres. Más importante aún, ahora sabes qué puedes hacer para remediarlo. Sabes que tienes que identificar cómo causar los efectos que quieres y, a continuación, activar dichas causas.

¿Cómo puedo motivarme para realizar un seguimiento de mis deseos?

En una palabra, céntrate. En ocasiones, parecería que la vida es una conspiración para distraernos de lo que realmente queremos hacer. No se trata de una ilusión. Nuestras vidas están sujetas a un principio natural llamado entropía, palabra que proviene de la termodinámica. Entropía significa que el mundo natural tiende a la decadencia. El hielo se derrite, las estrellas permanecen miles de millones de años encendidas en el cielo y, un día, se apagan. Las montañas se derrumban sobre las aguas. Los seres humanos envejecen y mueren.

La entropía también se aplica a nuestros pensamientos y acciones. Dedicamos cinco años a aprender francés, y cinco años más tarde lo hemos olvidado todo. Un hombre rico muere y deja una fortuna a sus herederos, y en una generación éstos se convierten en mendigos. Abordamos un gran proyecto llenos de entusiasmo y motivación y, antes de que nos percatemos, ya estamos ocupados en otra cosa y el proyecto se ha detenido en seco. Disponemos de una semana entera en casa para trabajar bien y acabamos malgastando nuestro tiempo en un puñado de tareas sin importancia.

Todos estos son ejemplos de cómo funciona la entropía. Constituyen más bien la norma y no la excepción. Lo más natural para nosotros es desperdiciar nuestros días ocupándonos de los pequeños detalles que la vida no pierde oportunidad de presentarnos en nuestro camino. Pero eso no es la manera de conseguir que nuestros deseos se hagan realidad.

Lo contrario de la entropía es la concentración. En lugar de dejar que se desvanezcan nuestro tiempo, energía y recursos, concentrarse significa ponerlos a buen uso (nuestro uso) en lugar de ceder a cualquier distracción. Quizá por eso el éxito es tan raro, si pensamos en la cantidad de personas que dicen estar interesadas en tener éxito. Somos muy pocos los que aprendemos a luchar contra la entropía. De hecho, pocos sabemos que estamos en guerra, en guerra con la tendencia natural que deja que nuestro precioso tiempo y energías se disipen. Y es precisamente la razón por la que es tan difícil aprender algo, construir algo, cultivar algo. Porque la entropía pone las cosas difíciles. La entropía nos estorba a cada paso, y por eso es más fácil olvidar que aprender, destruir que construir, o extinguir que cultivar.

La vida es una lucha contra la entropía, una lucha contra las fuerzas de la decadencia. Luchamos contra un universo que da por sentado que, a su debido tiempo, todo pasará, incluyéndonos a nosotros y todo lo que intentamos hacer.

Cuando entendamos esto, cuando sepamos contra qué luchamos, podremos dedicar nuestras vidas a centrarnos y a desarrollarnos (valores contrarios de la entropía), y comenzar a realizar nuestros deseos.

En cuanto formulo un deseo, lo olvido. ¿Cómo puedo mantenerme centrado en mi deseo?

Mantén tu deseo visible. Hay muchas maneras de hacer esto, y las hemos tratado en el capítulo 13. En pocas palabras, cualquier cosa que hagas para exponerte a tu deseo varias veces al día contribuirá a mantenerte centrado en que tu deseo se cumpla. Por ejemplo, escribe tu deseo en una nota y pégala en el espejo de tu cuarto de baño. Puedes pedir a tus amigos que te llamen cada día y te recuerden tu deseo. Te puedes enviar a ti mismo un correo electrónico varias veces al día, sin pensarlo, lo cual te recordará tu deseo. Cuanto más visible mantengas tu deseo frente a ti, mayores probabilidades tendrás de realizarlo.

Me da miedo definir objetivos —lo que tú llamas deseos— porque no me quiero convertir en una persona condicionada

Me pregunto qué quieres decir con la palabra «condicionada». Si quieres decir que trabajas tanto que jamás hueles una rosa, te diría que se trata de una existencia bastante gris, una existencia que a mí tampoco me agradaría. Sin embargo, si «condicionada» significa perseguir apasionadamente algo que procura gran alegría, no me gustaría perderme la oportunidad. Sospecho que a ti tampoco.

¿Que pasaría si «condicionada» significara que puedes hallar ese singular elemento del que carecen tantos seres humanos, a saber, un objetivo? ¿Qué pasaría si «condicionada» significara sencillamente que eres una persona condicionada para cumplir este objetivo? ¿Y qué pasaría si cumplir este objetivo diera a tu vida un gran significado y una gran alegría? ¿Sería muy duro vivir así?

Cuando las personas dicen que no quieren ser «condicionadas», sospecho que pretenden decir que no desean tener la nariz tan cerca del triturador como para olvidarse del mundo que los rodea. Y tienen razón. Pero, míralo desde otra perspectiva. Puedes verte condicionado para sacar el máximo provecho de tu vida. Puedes estar condicionado para cumplir con tu objetivo. Puedes estar condicionado para dar sentido a tu vida. En este caso, estar condicionado es algo positivo. Tan positivo que tal vez quieras intentarlo.

A partir de ahora, no pienses en el deseo como algo que te condiciona, sino como algo que te da un sentido de la dirección, un sentido de algo por lo que vale la pena trabajar. Y piensa en el deseo no como algo que te condiciona, sino como algo que te orienta, precisamente hacia donde quieres ir.

No paro de formular deseos y luego me desilusiono. Todo me desilusiona: mi familia, mis amigos, mi trabajo. ¿Qué puedo hacer para remediarlo?

No hay mejor remedio para la insatisfacción que guardar un registro de lo que la vida te da. Y no hay mejor remedio para la felicidad que centrar tu tiempo, tu energía y talento en aquello que das al mundo, y no en lo que recibes.

Habrás escuchado, sin duda, aquello de que más vale dar que recibir. No se trata sólo de un principio moral, sino también de una profunda verdad psicológica. El gesto de dar hace sentirse a las personas más realizadas que el de recibir. Dar entraña una mayor recompensa que recibir. Dar es sencillamente más divertido.

Recibir rara vez alcanza a aquella parte de nosotros que los otros tienen que tocar. El dar sí lo alcanza, al permitirnos tocar las vidas de los otros. Nos brinda plenitud. Dar nos hace humanos. Si quieres entender cómo encontrar el éxito y la felicidad en tu vida, la receta es simple: deja de centrarte en lo que puedes obtener del mundo y comienza a centrarte en lo que puedes dar.

¿Acaso los objetivos no le quitan espontaneidad a la vida?

Depende de lo que quieras decir con espontaneidad. ¿Estamos hablando de ansiedad espontánea? ¿De desesperanza espontánea? ¿De divagación espontánea? ¿De frustración espontánea? He ahí los estados mentales que suelen acompañar la existencia puramente espontánea de alguien que vive la vida sin una dirección, sin un propósito, sin una visión.

Es fácil pensar en los objetivos como tareas que le quitan la esencia a la vida y no nos dejan más que la piel. Yo quería dar un giro diferente a los objetivos, y por eso escribí *La lámpara mágica*. Quería que el lector pensara en los objetivos como si fueran tan emocionantes y estimulantes como los deseos en un cuento de hadas, porque pueden serlo si te permites a ti mismo pensar de esa manera. Pueden serlo si te aceptas a ti mismo como una criatura naturalmente dirigida por objetivos y luego aprendes a dominar tu capacidad natural de definir dichos objetivos.

Cuando empieces a pensar en forma de deseos, comenzarás a entender el sentido de los objetivos: una expresión íntima y emocionalmente cargada de lo que más deseas de la vida. Los objetivos dan un sentido y una finalidad a nuestra existencia cotidiana y, sin ellos, nuestras vidas serían tan vacías como el océano sin agua. Un objetivo bien elaborado (un deseo) no te vacía de tus emociones, más bien te llena de emociones. Te inspira. Te da una razón para saltar de la cama por la mañana. Y le da sentido a tus días, porque les das el contenido de un trabajo trascendente. Lejos de quitarle espontaneidad a la vida, un deseo bien elaborado proporciona precisamente el trasfondo de la finalidad, contra el cual la espontaneidad se puede apreciar y gozar mejor.

¿Cómo empiezo?

Define lo que quieres. Es ahí donde todo comienza. Cuando sepas lo que quieres, todo lo demás encajará solo. Después, sólo tienes que sacar una hoja de papel y elaborar una lista de las cosas que tienes que hacer para conseguir lo que quieres. Haz una lista de lo que tienes que hacer, de lo que tienes que aprender, a quién tienes que conocer, y todo lo que sea necesario para convertir tu sueño en realidad.

A continuación, organiza tu lista según prioridades. Cuando encuentres un paso demasiado complejo que te intimide, descomponlo en pequeños pasos más fáciles hasta que hayas completado un plan de todos los pasos necesarios para llevarte de un punto X a un punto Y.

En ese momento, lo único que tienes que hacer es comenzar a trabajar en tu plan. Tiene sentido comenzar por el principio, desde luego, pero no estás obligado a hacerlo. Puedes comenzar por el medio, o por el final. Lo importante es comenzar. Cuando emprendes la acción, te conviertes en un cuerpo en movimiento. Cuando te conviertes en un cuerpo en movimiento, tienes la tendencia a mantenerte en movimiento, un paso tras otro, hasta que, de pronto habrás conseguido que tu deseo se cumpla.

Entiendo el valor de definir objetivos; entiendo el valor de desear. ¿Pero, cómo paso a la acción?

Tú mismo has contestado a tu pregunta: pasa a la acción. No pienses en ello. No te preocupes. No teorices. Sencillamente pasa a la acción. Entre quienes sencillamente pasan a la acción y quienes no lo hacen está la brecha que separa a los que tienen éxito de los que no lo tienen. En una ocasión, el general Patton dijo que un plan mediocre, ejecutado enérgicamente, es más eficaz que un plan perfecto ejecutado sin motivación. La clave del éxito es pasar a la acción. Esta no tiene por qué ser perfecta. La sincronización no tiene que ser perfecta. El plan no tiene que ser perfecto. Pero tú tienes que actuar. La diferencia entre aquellos que pasan a la acción y aquellos que no lo hacen es la diferencia entre los que ganan y los que pierden, entre los que tienen éxito y los que fracasan, entre los que viven una buena vida y los que sólo sueñan con ella.

¿Cómo puedo conseguir que mis deseos se cumplan si no destaco por ningún talento?

No te preocupes por el talento, preocúpate del deseo. El éxito suele ser más el resultado del deseo que del talento.

Pensemos en Michael Jordan. Algunos pensarán que nació con el talento para convertirse en el mejor jugador de baloncesto de todos los tiempos. Pero, si eso fuera verdad, ¿por qué no lo admitieron en el equipo de su instituto? ¿Y por qué llegó a ser un jugador muy superior a millones de otros jóvenes que sí fueron admitidos en sus equipos de baloncesto?

El secreto de Michael Jordan no es su talento sino su corazón y su cabeza. Jordan es un atleta que desea ganar, al igual que cualquiera que ha jugado al baloncesto. No se conformarán con menos de sí mismos. No se conformarán con menos de sus compañeros de equipo. Él creó su talento para el baloncesto basándose en su voluntad de ser el mejor. Y, a continuación, le sacó todo el provecho posible.

Desde luego, se podría decir que Jordan tenía la talla para jugar baloncesto. Sin embargo, muchos otros hombres tienen la talla y... ¿cuántos de ellos han jugado al baloncesto como Jordan? Se podría decir que Jordan fue dotado de una gran capacidad de salto y gran velocidad. Sin embargo, hay otros hombres que pueden saltar al menos igual de alto y moverse al menos igual de rápido. ¿Por qué no juegan como él?

La respuesta a todas estas preguntas es la siguiente: no te obsesiones con la altura, o la rapidez, o la fuerza o el talento. Son dotes que se agradecen, pero más importante que todas juntas es el deseo. Si quieres ser más rápido, puedes serlo. Si quieres ser más fuerte, puedes serlo. Pero si quieres ser más alto, supongo que no se puede hacer gran cosa acerca de tu tamaño excepto ignorarlo. Eso es lo que hizo Spud Web. Este jugador sólo medía 1,70 m, prácticamente treinta centímetros menos que Michael Jordan, pero aun así consiguió ganar el Torneo del Slam Dunk de la NBA.

Esto no tiene que ver con los deportes. Tiene que ver con la vida. Tiene que ver con un principio que se aplica a todo lo que haces. El principio es el siguiente: no busques en tu talento para tener éxito, sino en tu deseo. Recuerda la historia del peso pesado que se abría camino entre la multitud de espectadores después de haber perdido un combate. Un hombre bajito se le acercó y le gritó: «¡Eres un farsante! Si yo fuera tan grande como tú, sería el campeón de todos los pesos pesados». El campeón se volvió hacia el hombre bajito y le preguntó: «Entonces, ¿cómo es que no eres el campeón de los pesos pluma?».

La carrera no siempre la ganan los más rápidos. La ganan los que se resisten a perder.

¿Qué puedo hacer con mi deseo cuando me siento desalentado?

Sentirse desalentado es un problema de fe. O crees que puedes hacer realidad tu deseo o no lo crees. Si no lo crees, deja lo que estás haciendo y comienza a trabajar en un deseo en el que creas de verdad. Si realmente crees que tu deseo tendrá éxito, ¿por qué gastar tiempo sintiéndote desalentado? Te estás mintiendo a ti mismo. Te preocupas cuando sabes perfectamente bien que no tienes nada de qué preocuparte.

La otra manera de abordar el desaliento es reconocerlo por lo que es: un estado de ánimo, un mal estado de ánimo. Al igual que todos los estados de ánimo, pasará. Sigue trabajando, sigue adelante con tu deseo sin importar cómo te sientes, y tu desaliento no tardará en desaparecer, y, en su lugar, encontrarás un sentido de la realización en el progreso que has consolidado.

Por mucho que intente evitarlos, sigo cometiendo errores. ¿Qué puedo hacer para remediar esto?

Tómate el pulso. Si todavía tienes pulso, cometerás errores. Es una de las virtudes del ser humano.

Hay dos tipos de errores: los accidentales y los que cometemos deliberadamente. No podemos evitar los accidentales, de modo que no dejes que te inquieten. Aprende de ellos. Recuerda que un buen juicio es el resultado de la experiencia, y que la experiencia es el resultado de un juicio erróneo.

Los errores más peligrosos son los que cometemos deliberadamente. Puede que parezca raro plantear que cometemos errores deliberadamente, pero es verdad. Comer exageradamente es un ejemplo, y fumar es otro. Cualquier cosa que hagamos sabiendo perfectamente que no es bueno para nosotros es un error intencional. Cualquier cosa que hagamos que produzca lo contrario de lo que intentamos (y sin embargo lo hacemos) es un error intencional. En ambos casos, hacemos todo lo posible para ignorar la ley de causa y efecto. El problema es que la ley de causa y efecto no nos ignora a nosotros.

Si quieres que tus deseos se cumplan, tienes que entender que la ley de causa y efecto no se puede suspender. Tampoco se puede aplazar ni rechazar. Los deseos que tienen éxito consisten en causas que te llevan adonde tú quieres. Los errores deliberados activan causas que te llevan en la dirección opuesta. Si quieres sacarle el mayor provecho a tu tiempo, tu energía y tu talento, toma la ley de causa y efecto tan seriamente como ella te toma a ti. Piensa en las consecuencias de tus acciones, y actúa en consecuencia. Piensa en las causas que has activado y si te aportarán los efectos que deseas. Actúa como si todo lo que haces marcara una diferencia en tu calidad de vida, porque la verdad es esa. Activa las causas que harán realidad tus deseos, y evita las causas (los errores deliberados) que producen aquellas cosas en la vida que a ti te gustaría evitar.

¿Acaso el éxito no tiene que ser doloroso?

Todo lo contrario. Cuando la gente habla de éxito, habla inevitablemente de mucho trabajo. Y por buenos motivos: el éxito requiere mucho trabajo. Sin embargo, hay algo de lo que no se habla tan a menudo, aunque sea la clave del asunto, y es el goce. El éxito no tiene por qué ser doloroso, así como el trabajo intensivo no tiene por qué ser doloroso.

¿Alguna vez te has detenido a mirar el rostro de alguien que está profundamente concentrado en una tarea? Es más probable que descubras una expresión de goce, o al menos de total abstracción, que una expresión de dolor. Las personas que tienen una expresión de dolor mientras trabajan son las que no están abstraídas en lo que hacen. Piensan en lo que podrían estar haciendo. Piensan en lo que les falta. Están pensando en cuánto les desagrada su trabajo. El dolor proviene no sólo de la atención que prestan a su trabajo, sino también de la falta de atención.

Hay millones de personas que viven la rutina una semana tras otra, ocupadas en este tipo de «trabajos». Sin embargo, para ellas lo duro no es lo que hacen, sino lo que no hacen. Es la actitud con que se relacionan con su trabajo lo que les provoca ese sufrimiento. Y es una actitud ajena a las personas que tienen verdadero éxito.

Estas personas han encontrado el verdadero secreto para conseguir lo que quieren de la vida: se permiten disfrutar del proceso. Se permiten abstraerse en ese proceso. Están profundamente concentradas en lo que las ocupa y disfrutan del proceso tanto como de los resultados.

Es mucho más probable que el verdadero éxito despierte una sensación de goce que de dolor, mucho más probable que sea el resultado de disfrutar algo que de padecer por lo que haces.

Sigo trabajando en mi deseo a lo largo del tiempo, pero parece que jamás consigo llegar a ninguna parte. ¿Cómo puedo alejarme de este punto muerto y salir adelante?

Hay dos tipos de deseos. Al primero lo llamo deseo progresivo. Este tipo de deseo siempre se mueve hacia delante. Con cada paso que das, te acercas más a la consecución de tu deseo. Escribir un libro es un deseo progresivo, como lo es construir una casa, o aprender a tocar un instrumento. Cualquier cosa que logres en un determinado momento, estará presente al día siguiente para que sigas construyendo.

Al segundo tipo de deseo lo llamo deseo regresivo. Con este tipo de deseo puedes avanzar un paso hoy, y, si no tienes cuidado, corres el riesgo de retroceder dos pasos mañana. Los regímenes dietéticos son deseos regresivos, porque es muy fácil pasarse de la raya durante un fin de semana y estropear todo lo conseguido durante el mes anterior. Ahorrar dinero es otro ejemplo de deseo regresivo: una sola fiesta de compras puede tragarse un año de ahorros. Las relaciones también se encuentran en esta categoría, porque un desliz verbal o una acción inapropiada pueden hacer regresar una relación al punto de partida, cuando no algo peor.

Es importante recordar que los deseos regresivos requieren algo más que tiempo para funcionar. También requieren un esfuerzo sostenido. Por ejemplo, puedes someterte a una dieta durante cinco años y jamás perderás un solo kilo si por cada cien gramos que pierdes subes doscientos.

En el capítulo 9, la ley de Ellis afirma lo siguiente: con el tiempo, hasta los esfuerzos normales y corrientes producen resultados extraordinarios. Sin embargo, cuando te enfrentas a un deseo regresivo tienes que modificar esta ley de la siguiente manera: con el tiempo, hasta los esfuerzos normales y corrientes —si son sistemáticos— producirán extraordinarios resultados.

La manera más eficaz que conozco de tratar un deseo regresivo es tratar con él día a día. No te preocupes de mañana ni de la próxima semana. Limítate a terminar el día. Haz lo que tengas que hacer hoy, y después de varios «hoy», mañana se perfilará perfectamente.

La otra pieza del rompecabezas es decirte a ti mismo que con un deseo regresivo tendrás que empezar todo desde el comienzo cada vez que caigas del vagón. Un error y volverás al comienzo. La idea es inventar una sanción tan importante por caerse del vagón, que decidirás no caer. Esta es la manera en que los alcohólicos vuelven a controlar sus propias vidas. Saben que si vuelven a tocar una sola gota de alcohol, tendrán que volver a comenzar todo el proceso doloroso de recuperación una vez más. Es un alto precio. El precio es tan alto que no merece la pena dar un paso atrás, ni siquiera una vez.

Hay un método en esta locura. Los alcohólicos nos dirán con exacta precisión cuántos días han pasado desde que dejaron de beber. Utilizan cada día que pasa de ese tiempo acumulado a su favor, porque magnifica lo que ponen en juego para seguir adelante. Cada día que pasa tienen más que perder, de modo que cada día tienen una razón más para tener éxito.

La idea consiste en tener a la inercia a nuestro favor. Cuantos más días te muevas, más impulso acumularás para seguir adelante. Cuanto mayor sea el número de días que has dedicado a hacer lo correcto, menos probabilidades tendrás de hacer lo incorrecto. La inercia comienza a funcionar a tu favor y no en tu contra. El tiempo comienza a funcionar a tu favor, y no en tu contra. Antes de que te percates, ya es impensable volver atrás. Ya no serías tú. Has dejado al antiguo tú hace tanto tiempo que ya no recuerdas los impulsos que te hacían actuar de esa manera.

He trabajado en mi deseo durante mucho tiempo, y comienzo a perder fe. ¿Qué puedo hacer?

Como regla, el éxito tardará más tiempo de lo que esperas. Todo lo que merece la pena en la vida parece tardar más de lo que queremos. He ahí una razón por la que muchas personas sienten fracasar. Pierden la paciencia. Pierden estímulos. Abandonan. Sin embargo, el problema no es su falta de progreso sino sus expectativas poco realistas. Esperan que todo funcione de acuerdo al plan. Pero no funcionará así.

De modo que, ¿por qué molestarse en planificar? Porque un plan centra tu energía y tus esfuerzos en tu objetivo. Eso no significa que todo sucederá como tú lo deseas, o en el momento en que lo deseas, pero sí significa que te acercarás a tu objetivo. Si sigues trabajando con aquello en perspectiva, a la larga tendrás éxito. Pero tienes que darle tiempo, todo el tiempo que sea necesario.

Recursos

Al escribir *La lámpara mágica*, he tomado prestadas ideas de decenas de libros y cintas grabadas que he conocido durante las últimas dos décadas. La breve lista que sigue es lo mejor de estos recursos, organizados por categorías con el fin de señalar fácilmente las obras que más te ayudarán a adquirir o dominar las competencias que necesitas para hacer de tus deseos una realidad.

Los logros

Fritz, Robert, *The Path of Least Resistance,* Stillpoint Publishing, Salem (Massachusetts).

Este libro proporciona valiosas reflexiones acerca del poder y el proceso de escoger opciones.

Robbins, Anthony, *Awake the Giant Within,* Summit Books, Nueva York.

Robbins mezcla su versión de la PNL (Programación neurolingüística) con reflexiones únicas sobre el desarrollo personal. Giant es una de las guías más completas y detalladas para llevar a cabo los cambios que deseas introducir en tu vida.

Sher, Barbara, y Annie Gottlieb, *Wishcraft,* Ballantine, Nueva York.

Una mirada realista y muy fácil de leer sobre cómo conseguir lo que quieres de la vida. Sher y Gottlieb ofrecen información singularmente útil acerca de cómo elaborar planes, cómo programar aquellos planes y cómo obtener ayuda de otras personas para conseguir que tus deseos se hagan realidad.

La felicidad

Canfield, Jack, y Mark Victor Hansen, *Chicken Soup for the Soul: 101 Stories to Open the Heart and Rekindle the Spirit,* Health Communications, Inc., Deerfield Beach (Florida). [Hay trad. cast.: *Sopa de pollo para el alma,* Alba Editorial, Barcelona, 1996.]

Si te gustan las historias inspiradoras, disfrutarás con esta encantadora recopilación.

Covey, Stephen R., A. Roger Merril, y Rebecca Merril, *First Things First,* Simon & Schuster, Nueva York. [Hay trad. cast.: *Primero, lo primero: reflexiones diarias,* Paidós, Barcelona, 1999.]

Se trata de una lectura obligatoria, porque aborda el problema central de la búsqueda de la felicidad en medio de las tensiones de la vida moderna. El tema está presente en el título: si te concentras en las cosas más importantes al principio, tu vida se desplegará como el milagro que verdaderamente es. Para la mayoría, el problema es que dejamos las cosas más importantes para el final. Muy pocas veces nos damos el tiempo para definir qué es importante. Y si lo definimos, lo aplazamos en nombre de las tareas llamadas «urgentes», que exigen atención inmediata (pero que quizá no merezcan la pena). Si quieres descubrir cómo orientar tu vida por el camino correcto y mantener el rumbo, este es el libro indicado.

Csikszentmihaly, Mihalyi, *Flow: The Psychology of Optimal Experience,* Harper Perennial, Nueva York. [Hay trad. cast.: *Fluir, una psicología de la felicidad,* Kairós, Barcelona, 1998.]

Otra lectura obligatoria. Si alguna vez has vivido uno de esos momentos en que te sientes en la cumbre del mundo, te fascinará este libro porque te explica cómo llegar hasta ahí y cómo regresar. No es sólo un buen libro, es un libro importante. Resuelve muy bien un problema casi imposible: explicar el misterio de la felicidad y enseñarte a alcanzarla.

Csikszentmihaly, Mihaly, *The Evolving Self: A Psychology for the Third Millenium,* Harper Perennial, Nueva York.

Este maravilloso libro reseña y refina las reflexiones contenidas en *Fluir* (ver más arriba) y las desarrolla para elaborar un poderoso modelo de cómo vivir una existencia que maximice el goce, la plenitud y la felicidad.

Frankl, Victor E., *Man's Search for Meaning. An Introduction to Logotherapy,* Touchstone, Nueva York. [Hay trad. cast.: *El hombre en busca de sentido,* Herder, Barcelona, 19.ª ed.,

1998. Véase también: *El hombre en busca del sentido último: el análisis existencial y la conciencia espiritual del ser humano,* Paidós, Barcelona, 1999.]

El «sentido» *[meaning]* es el denominador común más acusado entre las diversas filosofías de la felicidad. Cuando las personas encuentran un sentido en sus vidas, encuentran la felicidad. En este libro conmovedor y profundo, el doctor Frankl demuestra cómo los seres humanos pueden encontrar un sentido donde menos se lo esperan, incluso bajo las circunstancias más opresivas. Como telón de fondo de este tema, relata su propia experiencia como prisionero en los campos de exterminio de la Alemania nazi en la Segunda Guerra Mundial.

Peck, M. Scott, *The Road Less Traveled,* Touchstone, Nueva York. [Hay trad. cast.: *Un camino sin huellas; la nueva psicología del amor,* Emecé, Barcelona, 1996.]

Lectura obligatoria, uno de aquellos raros libros que nos convierten en mejores personas por el solo hecho de haberlos leído. Aprenderás nociones de psicología, aprenderás acerca de ti mismo y sobre cómo vivir el tipo de vida que te recompensa y, a la vez, te realiza, algo que convierte al mundo en un mejor lugar para vivir.

El liderazgo

Blanchard, Kenneth, y Spencer Johnson, *The One-Minute Manager,* William Morrow and Company, Nueva York. [Hay trad. cast.: *El ejecutivo al minuto,* Grijalbo, Barcelona, 12.ª ed., 1995.]

Un éxito fenomenal cuando fue publicado hace más de diez años, este libro sigue rompiendo récords de venta, y por muy buenas razones. Si quieres aprender algunos de los principios más importantes para gestionar a grupos de personas con éxito, este es un gran libro para empezar.

El aprendizaje

Zinsser, William, *Writing to Learn,* Harper Collins, Nueva York.

El viejo proverbio nos dice que si queremos aprender algo, tenemos que enseñarlo. Zinsser nos muestra otro camino: si queremos aprender algo, tenemos que escribir sobre ello.

La memoria

Lorayne, Harry, y Jerry Lucas, *The Memory Book*, Ballantine Books, Nueva York. [Véase *Cómo desarrollar su memoria,* Gedisa, Barcelona, 1990, y *Cómo adquirir una supermemoria,* Ediciones B, Barcelona, 1993.]

Todos nacemos con una espléndida memoria, pero sólo unos pocos afortunados aprenden a utilizarla. Este libro te enseñará a ser uno de ellos. Si quieres desarrollar tu capacidad de recordar nombres, hechos y otra información, este libro te ayudará a hacerlo.

Fisher, Roger, y William Ury, *Getting to Yes,* Penguin Books, Nueva York. [Hay trad. cast.: *Obtenga el sí: el arte de negociar sin ceder,* Edicions Gestió 2000, Barcelona, 1996.]

Sea lo que sea que decidas lograr, lo más probable es que tengas que trabajar con otras personas para conseguirlo. Y lo más probable es que sus necesidades sean diferentes a las tuyas. Para convertir a los adversarios en partidarios, tienes que aprender a negociar lo que los expertos llaman un acuerdo «ganar-ganar». Este breve libro es una de las guías más claras y difundidas para conseguir precisamente eso.

Programación neurolingüística

Bandler, Richard, y John Grinder, *The Structure of Magic,* vols. 1 y 2, Science and Behavior Books, Inc., Palo Alto (California). [Hay trad. cast.: *La estructura de la magia,* 1, Cuatro Vientos, Santiago de Chile, 1988.]

Los hombres a quienes debemos la programación neurolingüística (PNL), Richard Bandler y John Grinder, se propusieron originalmente crear un método con el que cualquier persona pudiera copiar un modelo y de este modo dominar cualquier habilidad, lo que se podría llamar una ciencia del logro humano. Sus esfuerzos produjeron uno de los modelos más elegantes y poderosos de la comunicación humana.

Este modelo para el modelado arroja una luz nueva y oportuna sobre cómo nos comunicamos con nosotros mismos (por ejemplo, para aprender nuevas conductas), y cómo nos comunicamos con otros. Durante los últimos veinte años, la PNL ha influido en numerosas disciplinas, entre ellas la educación, la psicoterapia, los deportes, los negocios y las ventas.

Estos dos volúmenes son los primeros que Bandler y Grinder publicaron sobre su investigación. Es una lectura austera y difícil, pero brillante. Si quieres entender de dónde proviene la PNL, léelos. Si sólo quieres entender en qué te puede servir la PNL, lee *Unlimited Power* (véase más abajo).

Robbins, Anthony, *Unlimited Power,* Simon & Schuster, Nueva York. [Hay trad. cast.: *Poder sin límites,* Grijalbo, Barcelona, 6.ª ed., 1997.]

Es una lectura obligatoria en cuanto fue el libro que llevó la PNL a un público numeroso. Como esbozo de los logros y el éxito, sigue sin tener parangón. Robbins combina algunas de las técnicas más poderosas de la PNL con sus propias visiones útiles y profundas de la naturaleza humana. El resultado es una guía de fácil lectura, entretenida y valiosa para conseguir todo lo posible de la vida.

La persuasión

Carnegie, Dale, *How to Win Friends and Influence People,* Pocket Books, Nueva York. [Hay trad. cast.: *Cómo ganar amigos e influir sobre las personas,* Edhasa, 3.ª ed., 2.ª reimpr. Rev., Barcelona, 1997. Y trad. al catalán: *Com guanyar amics i influir sobre les persones,* Edhasa, Barcelona, 1996.]

Con la excepción de las Sagradas Escrituras, este es el mejor libro que podemos encontrar sobre cómo relacionarse con otras personas.

Cialdini, Robert B., Influence: *The New Psychology of Persuasion,* Quill, Nueva York.

Te asombraría saber cuántas cosas influyen en ti, día a día, de maneras que ni siquiera has soñado. También te asombraría lo fácil que es convertirse en una persona de poderosa influencia. Si quieres dominar el arte de la persuasión y la influencia, este libro es un instrumento de primera mano para ayudarte a conseguirlo.

Las ventas

Miller, Robert B.; Heiman, Steven E.; Tuleja, Tad, *Strategic Selling,* Nueva York: Warner Books. [Hay trad. cast.: *La venta estratégica,* Plaza & Janés, Barcelona, 3.ª ed., 1993.]

Si tu trabajo consiste en realizar ventas complejas (en otras palabras, si en cada ocasión tienes que persuadir a más de una persona para que compre antes de que puedas vender algo), y quieres ser prácticamente un vendedor imbatible, lee este libro y los dos siguientes.

Rackham, Neil, *Major account sales strategy,* Nueva York: McGraw-Hill.

Si vendes a grandes cuentas y buscas un perfil competitivo, consulta este libro.

Rackham, Neil, *SPIN Selling,* McGraw-Hill, Nueva York.

Si te dedicas a la venta de productos y buscas un perfil competitivo, lee este libro.

El sueño

Bourke, Dale Hanson, *The Sleep Management Plan,* Harper Paperbacks, Nueva York. [Hay trad. cast.: *¡Felices sueños!,* Grijalbo, Barcelona, 1993.]

Si quieres pasar menos tiempo durmiendo y más tiempo haciendo lo que quieres, este libro te enseñará cómo conseguirlo. (Recuerda consultar a tu médico antes de manipular tus hábitos de sueño.)

El éxito

Chopra, Deepak, *The Seven Spiritual Laws of Success,* Amber-Allen Publishing and New World Library, San Rafael (California). [Hay trad. cast.: *Las siete leyes espirituales del éxito,* Edaf, Madrid, 1996.]

Deepak Chopra es médico, formado en las más modernas tecnologías médicas y practicante de la medicina ayurvédica, herencia de la India antigua. Con su comprensión única de lo útil en Oriente y Occidente, de lo nuevo y lo antiguo, elabora una profunda visión con la misma naturalidad con que otros hablarían de los últimos resultados de la liga de fútbol o de los programas de la televisión. Este pequeño libro, de sólo 116 páginas, es una sabia y elegante introducción a los principios espirituales que subyacen a una vida con éxito.

Covey, Stephen R., *The Seven Habits of Highly Successful People,* Simon & Schuster, Nueva York. [Hay trad. cast.: *Los siete hábitos de la gente altamente efectiva: la revolución ética en la vida cotidiana de la empresa,* Paidós Ibérica, Barcelona, 4.ª ed., 1998. Y trad. al catalán: *Els hàbits de la gent altament efectiva: restaurar l'ètica del caràcter,* Ed. 62, Barcelona, 1997.]

Covey tiene gran habilidad para señalar los temas más importantes que enfrentan quienes desean vivir una existencia llena de éxitos y de realizaciones. Los siete hábitos nos muestran cómo cosechar los frutos de una vida basada en los principios, el carácter y un compromiso con la conciencia.

Hill, Napoleon, *Think and Grow Rich,* Fawcett, Nueva York. [Hay trad. cast.: *Piense y hágase rico,* Grijalbo, Barcelona, 1997, y *Hágase rico en un año,* Grijalbo, 1999.]

Este es el libro que generó el movimiento de autoayuda. No es el primer libro de autoayuda, desde luego, pero fue el que prendió y que citan casi todos los que se dedican a este tema. Es el libro en el que Earl Nightingale leyó las palabras que más tarde hizo famosas en *The Strangest Secret* («Eres aquello en que piensas»). Es el libro que para muchos de los pensadores de la autoayuda más importantes en la actualidad sirvió como introducción a los elementos fundamentales del éxito.

Sinetar, Marsha, *Do What You Love, The Money Will Follow: Choosing Your Right Livelihood,* Dell, Nueva York.

El consejo de Sinetar es claro: en lugar de tomar las decisiones relacionadas con tu carrera basándote en los ingresos, tómalas basándote en lo que quieres hacer con tu vida. El dinero vendrá más tarde. Tiene razón, y ofrece algo más que un ideal grandioso. Nos da una buena estrategia y sólidos consejos sobre cómo definir la carrera de nuestra vida y hacerla rendir.

La gestión del tiempo

Lakein, Alan, *How to Get Control of Your Time and Your Life,* Signet, Nueva York.

Este es uno de los mejores libros y de los más difundidos sobre cómo sacar el máximo provecho del tiempo. Si no tienes tiempo para leer este libro, quiere decir que necesitas leerlo.

Mackenzie, R. Alec, *Time for Success: A Goal-Setter's Strategy,* McGraw-Hill, Nueva York.

Mackenzie, uno de los expertos de mayor renombre en el campo de la gestión del tiempo, presenta una sólida estrategia para utilizar el tiempo de la manera más eficaz posible.

Acerca del autor

Keith Ellis es un conferenciante, autor y columnista de gran renombre en Estados Unidos. También es consultor en administración de empresas, y su singular enfoque de la definición de objetivos le ha valido la condición de invitado en los principales programas de televisión de todo el país.

Durante veinticinco años, Ellis ha estudiado el arte y la ciencia de los logros humanos. Después de licenciarse con un *magna cum laude* por la Universidad de Georgetown, se convirtió en un vendedor de primera línea en la industria informática, hasta llegar a la dirección ejecutiva. En ese proceso, devoró todos los libros, revistas y cintas que encontró acerca del éxito y el potencial humano, y asistió a los principales talleres y conferencias.

A los veintiocho años, Keith Ellis fue nombrado jefe ejecutivo de marketing para una importante empresa informática. A los treinta y cuatro años, asumió el cargo de presidente de su propia empresa de formación, donde creó su taller de formación en gestión que obtuvo reconocimiento a nivel nacional, The Science of Persuasion™ [La ciencia de la persuasión]. Actualmente, es presidente de Keith Ellis Seminars, empresa especializada en información y consultoría sobre las principales estrategias para mejorar rendimientos.

Por su pensamiento original, sus seminarios y su liderazgo en el campo de los rendimientos superiores, Keith Ellis figura en los Anuarios *Who's Who In American Business* y *Whos's Who In Media and Communications*.

Otros libros de Empresa Activa

El millonario instantáneo

¿Por qué algunos logran convertirse en millonarios mientras otros sólo sueñan con llegar a serlo? El millonario Mark Fisher ha escrito una guía clara y estimulante.

¿Es que un millonario trabaja el doble que el resto de los mortales? Con un diálogo ágil y acción llevada como una novela de suspense, el millonario Mark Fisher ha escrito una guía clara y convincente que resultará muy estimulante para sus lectores.

Después de todo, lo que verdaderamente le ha importado a Mark Fisher en su vida ha sido poder demostrar a los hombres de poca fe el extraordinario poder de nuestras facultades mentales.

Para ser millonario es importante creer que existe un secreto. Esta es la primera enseñanza que recibe el joven protagonista de esta historia cuando, en busca de la riqueza, visita a un viejo millonario que se dedica al cultivo de las rosas.

La gran conexión

Nadie puede llegar nunca a confiar totalmente en sí mismo hasta que se conoce de verdad. Y a menudo eso resulta más difícil de lo que parece.

Sin embargo, por muchas personas que habiten el planeta, cada uno de nosotros tiende a pertenecer a uno de cuatro estilos posibles de comportamiento.Sin duda en cada estilo existen muchos matices, pero lo cierto es que, en circunstancias normales, exhibimos los rasgos de uno de ellos: nuestro estilo personal.

En esta historia usted descubrirá lo que le separa del éxito y lo que le empuja hacia él. Entenderá cómo debe relacionarse con los demás, pero primero aprenderá a relacionarse --¡por fin!-- con usted mismo. Y es en ese preciso momento, cuando acaba la búsqueda y fluye una bocanada de aire nuevo acompañada de un revelador "¡ajá!", cuando uno sabe que ha conseguido establecer... la gran conexión.

La paradoja

LA PARADOJA

UN RELATO SOBRE LA VERDADERA ESENCIA DEL LIDERAZGO

JAMES C. HUNTER

EMPRESA XXI

¿Qué cualidades se necesitan para ser un buen jefe? ¿Cómo se consiguen la autoridad y la credibilidad necesarias para dirigir de forma efectiva?

Este libro responde a estas y a otras muchas preguntas, y nos recuerda los principios universales que nos permiten colaborar con los demás, ya sea en el trabajo o en el ámbito familiar:

-No hay autoridad sin respeto.

-El respeto no se funda en la imposición ni en el miedo, sino en la integridad, la sinceridad y la empatía con el prójimo.

-No podemos cambiar a nadie, sólo podemos cambiar nosotros mismos

-El trabajo lo hacen las personas, y no puede hacerse un buen trabajo sin cuidar las relaciones humanas.

Los principios del liderazgo son tan simples que se nos han olvidado por completo. Confundimos la autoridad con el poder y el respeto con el miedo, lo que lleva a unas relaciones tensas y recelosas entre jefes y subordinados, y a un triste resultado: cuando un equipo trabaja para contentar al jefe, ¿quién se ocupa realmente del trabajo?

Este libro nos enseña que dirigir consiste, paradójicamente, en servir a los demás, porque un buen líder está pendiente de sus subordinados para atender a sus legítimas necesidades, ayudarles a cumplir sus aspiraciones y aprovechar sus capacidades al máximo. Una reflexión inteligente sobre la responsabilidad moral que implica dirigir que ha servido de inspiración a numerosos directivos norteamericanos.

La nueva mística empresarial

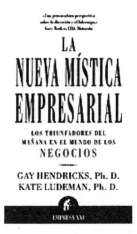

La teoría del liderazgo empresarial que dominará el siglo XXI.

Un planteamiento radical que demuestra que se puede ser un visionario y tener lospies bien plantados en el suelo.

La nueva mística empresarial explica cómo es posible unir la espiritualidad y los negocios de forma beneficiosa, tanto en lo económico como en lo referente al desarrollo personal. Y no sólo eso: decenas de empresas en los Estados Unidos saben que la integridad, la responsabilidad o el pensamiento creativo tienen un lugar preferente en sus normas corporativas.

Gracias a este libro, usted podrá conocer cuales son las características del liderazgo empresarial del siglo XXI. Un liderazgo que sabe integrar valores de espiritualidad como la integridad o la intuición con la obtención de beneficios y la competitividad. Un liderazgo aplicable no sólo cuando las cosas van bien, sino y muy especialmente, cuando es necesaria la visión de futuro conjugada con el pie en la realidad presente.